Brigitte und Ernst Spangenberg

Märchen gegen Kinderängste

HERDER spektrum

Band 4974

Das Buch

Auch als Erwachsene haben wir Angst – und wenn wir es nicht vergessen haben, wissen wir auch noch, welche Ängste wir als Kinder hatten: Angst vor der Dunkelheit, dem Alleinsein, dem Verlorengehen, vor Gewitter, vor dem Zahnarzt, dem Einbrecher, der sich ins Zimmer schleicht, dem Monster, das sich unterm Bett versteckt, Angst davor, allein etwas zu tun, Angst vor großen Hunden, Angst vor dem Erwischtwerden und vor dem Streit der Eltern, Angst vorm Versagen und Angst vor anderen Kindern … Es hilft nicht, Ängste mit Argumenten wegreden zu wollen oder als unsinnig abzutun. Es hilft, sie ernst zu nehmen und sie in Geschichten, deren Ausgang „sicher" ist, mitzuerleben: Geschichten können heilen. Kinder erleben in ihnen, dass positive Veränderungen möglich sind und dass sie den Verlauf der Ereignisse selbst beeinflussen können. Brigitte Spangenberg ist nicht nur Psychologin und erfahrene Familientherapeutin, sondern – gemeinsam mit ihrem Mann – auch eine begnadete Geschichtenerzählerin. Sie weiß, welche Ängste Kinder bewegen – und sie zeigt, wie Eltern und Kinder produktiv damit umgehen können. Denn Angst ist eine große Kraft – diese Kraft freizusetzen, dazu tragen die vielen Märchen und Geschichten bei, die die Autoren erzählen. Ängste können als sinnvolle Warnzeichen hilfreich sein, aber auch zu Lebensballast werden. Die Autoren erzählen nicht nur, sie geben auch Anregungen für Eltern weiter, selbst heilende Geschichten zu erfinden. Ein hilfreiches, heilendes und praktisches Buch, das in der bedrängenden Situation der Angst Wege zu Selbstvertrauen und Stärke für unsere Kinder aufzeigt.

Die Autoren:

Brigitte Spangenberg ist Klinische Psychologin (BDP) und Psychotherapeutin und arbeitet als Familientherapeutin und NLP-Lehrtrainerin in eigener Praxis. Sie ist außerdem Gutachterin in Familien- und Vormundschaftsfragen. Ernst Spangenberg ist Familienrichter und Geschichtenerzähler. Brigitte und Ernst Spangenberg leben in Bickenbach an der Bergstraße.

Brigitte und Ernst Spangenberg

Märchen gegen Kinderängste

Unter Mitarbeit von
Anja Spangenberg

Herder

Freiburg · Basel · Wien

Gedruckt auf umweltfreundlichem,
chlorfrei gebleichtem Papier

© Verlag Herder Freiburg im Breisgau 2001
Herstellung: Freiburger Graphische Betriebe 2001
Umschlaggestaltung und Konzeption:
R·M·E München / Roland Eschlbeck, Liana Tuchel
Umschlagbild: © premium
ISBN 3-451-04974-0

Inhalt

Einleitung

Liebe Eltern,

Ängste sind sinnvoll. Wir möchten das an einem Beispiel veranschaulichen. Als unser Enkelsohn Jonathan
klettern lernte, spornten ihn die Neugier und die Lust
an der eigenen Geschicklichkeit an, möglichst hoch
hinaus in den Nussbaum zu gelangen. Die Angst zu fallen und sich weh zu tun, bewahrte ihn davor, seine
Fähigkeiten zu überschätzen. Wer ein Signal der Angst
überhört, lebt gefährlich. Als Jonathan vor seinem Cou-
sin Damian angeben und ihm zeigen wollte, wie schnell
er klettern kann, verhielt er sich weniger umsichtig als
sonst, verlor den Halt und wäre beinahe gestürzt.

„Angst ist eine Kraft", so hat Willi Buttolo sein Buch
über die Bewältigung von Alltagsängsten überschrieben.
Genauer gesagt, sie ist eine Gegenkraft, die unseren An-
trieben wie Forschungsdrang, Abenteuerlust, Habgier
und Mut eine Grenze setzt und so unser Leben und unsere Gesundheit schützt.

Angst ist angeboren. Das erklärt sich aus ihrer Schutzfunktion. Sie gehört zum Überlebenstrieb. Tierexperi-
mente beweisen diese These: Reaktionsmuster auf be-

drohliche Reize sind Tieren angeboren. Als man jungen Zuchtgänsen, die abgeschirmt aufgewachsen waren, zum ersten Mal habichtähnliche Attrappen zeigte, reagierten sie alarmiert. Andere Attrappen, etwa die von viel größeren Schwänen, beachteten sie nicht. Ähnlich verhielten sich Affen, die im Zoo aufgewachsen waren. Auf die erste Begegnung mit einer Schlange zeigten sie dieselbe Angst wie ihre Artgenossen im Urwald. Bei neugeborenen Menschenkindern konnte man Vergleichbares beobachten. Umweltreize, wie laute Geräusche, plötzliche Helligkeit oder Schmerz lösten Angst aus.

Ängste können erlernt oder verlernt werden. Ein Kind, das sich an einem Streichholz verbrennt, erwirbt dabei Angst. Es wird zunächst jede offene Flamme meiden. Sobald es geschickt genug ist und die Handhabung von Streichhölzern gelernt hat, wird es angstfrei damit umgehen können.

In der Philosophie werden Furcht und Angst unterschieden. Für den dänischen Philosophen Sören Kierkegaard ist Furcht immer auf einen Gegenstand gerichtet, Angst ist gegenstandslos. Sie entsteht aus dem Bewusstsein, die eigene Identität frei und verantwortlich wählen zu können. Es ist die Angst vor der Ungewissheit. Sigmund Freud wählt eine andere Abgrenzung. Er definiert Furcht als die Grundform und Angst als krankhaft übersteigerte Furcht, etwa in der Form der neurotischen Angst, der Phobie, wie sie jemand erlebt, der beim Anblick eines Frosches erbleicht.

Diese philosophische Unterscheidung zwischen Angst und Furcht ist im praktischen Erziehungsalltag –

und für uns als Therapeuten – ohne Belang. Ob ein Kind vor dem Hund des Nachbarn, vor einem eingebildeten Hund oder vor der Märchenfigur des Wolfes zurückschreckt, ist einerlei. Die Worte „fürchte dich nicht" oder „hab keine Angst" bedeuten dasselbe. Dagegen wollen wir die Freudsche Unterscheidung zwischen einer Grundform und einer krankhaft übersteigerten Angst aufgreifen. Phobien sprengen den von uns gesetzten Rahmen. Wir beschränken uns auf die Grundform, die kindliche Alltagsangst.

Dem Begriff Angst haftet im allgemeinen Verständnis etwas Negatives an. Greifen wir zum psychologischen Wörterbuch, so finden wir Definitionen der folgenden Art: „Angst ist ein unlustbetontes Gefühl oder ein seelischer Zustand, der von der Vorstellung künftigen Übels verursacht wird." Das Wort Angst hat seine sprachliche Wurzel in „Enge". Die Metapher, „die Angst schnürt mir die Kehle zu" versinnbildlicht diese Herkunft. Bewusst wird uns Angst meist erst, wenn sie zum Unlustgefühl geworden ist, zur Kraft, die lähmt.

Uns geht es in diesem Buch um einen anderen Blickwinkel: darum, die positiven Seiten der Angst zu entdecken. So wie Gesundheit der Normalzustand und Krankheit die Ausnahme ist, sehen wir in der Angst primär etwas Gesundes und nur im Extremfall etwas Krankes. Wir wollen Angst nicht wie eine Krankheit heilen oder wie ein Übel mit der Wurzel ausrotten, sondern die Möglichkeiten nutzen, Ängste zu erlernen, zu verlernen oder zu steuern, dass sie Freund und Helfer werden.

Diese positive Sichtweise ist entstanden, als wir in der Angst eine Kraft erkannt haben. Angst vermag dreierlei. Sie kann zum ersten übermenschliche Körper- und Willenskräfte freisetzen, wenn jemand gezwungen ist, mit dem Mut der Verzweiflung um sein Leben zu kämpfen. Auch bei alltäglichen Anlässen, wie einem sportlichen, schulischen oder beruflichen Wettkampf, mobilisiert die Angst in der Form der Erregung zusätzliche Kräfte. Zum zweiten kann Angst dazu beitragen, dass wir unsere Geschicklichkeit entfalten, denken wir an Jonathan, den sein Gefühl der Bangigkeit das Klettern lehrt, jeden neuen Griff und jeden neuen Stand zu prüfen und dabei Zuverlässigkeit und Selbstbewusstsein zu entwickeln. Zum dritten kann die Angst zum Motor unserer Intelligenz werden – ein spannendes Beispiel sind die Phönizier, die älteste Seefahrernation unseres Kulturkreises, die die Gefahren des Meeres mit ihren Seglern gebannt haben, während andere Völker die offene See aus Furcht mieden. Ein Alltagsbeispiel dafür, dass Angst das intellektuelle Niveau hebt, ist die erhöhte geistige Aktivität und Konzentration, in die wir Angst vor Prüfungen umwandeln können.

Fassen wir die Teilaspekte der Angst zusammen, so entpuppt sie sich als eine wesentliche menschliche Fähigkeit.

Auch dort, wo wir Ängste nicht als Fähigkeiten, sondern als Hindernis für unsere Entfaltung erleben, bleibt noch ein Positives. Jede Angst hat eine positive Absicht. Veranschaulichen wir das am Beispiel eines Kindes, das auf die Trennung seiner Eltern mit Angst vorm Alleinsein reagiert. Die Angst signalisiert die Verletzung des Kindes in seinem Bedürfnis nach emotionaler Geborgenheit. Sie ist ein Hilferuf, die Sprache, mit der das Kind Wiedergutmachung fordert.

Angst aufbauen und Angst abbauen, beides zu seiner Zeit, gehört zu den Inhalten einer Erziehung. Mittel der Erziehung sind die sinnliche Erfahrung und/oder das Verständnis von Zusammenhängen. Ein Beispiel für Lernen durch Erfahrung kennen wir bereits, das Kind, das sich an der Streichholzflamme verbrennt und dabei die Gefährlichkeit erfährt. Ein Beispiel, wie man durch Verstehen Ängste verlernt, liefert unser Enkelsohn Damian, der noch vor kurzem panische Angst vor jedem Gewitter hatte. Sein Vater erklärte ihm, dass er zwischen dem Zeichen des Blitzes und dem Krachen des Donners zählen müsse, weil jede Sekunde einem Kilometer Entfernung des Gewitters entspreche. Seitdem zählt er bei jedem Gewitter die Intervalle, um dann beruhigt festzustellen, es ist noch so und so viel Kilometer weit weg.

Unser Interesse gilt einer dritten Erziehungsmethode, dem unbewussten Lernen. Als Werkzeug verwenden wir Märchen. Kinder brauchen Märchen – das wissen wir nicht erst seit Bruno Bettelheim. Erwachsene brauchen sie auch, jedenfalls, wenn sie ihre Kinder in die Märchenwelt begleiten wollen. Märchen enthalten keine Befehle. Sie belehren nicht in der Weise, dass sie vorgeben, auf jede Frage die richtigen Antworten zu wissen. Märchen erschaffen eine Phantasiewelt. Indem sie die Aufmerksamkeit eines Kindes fesseln, lenken sie es von seinen akuten Problemen und Ängsten ab. Damit entsteht ein Rahmen, in dem das Unterbewusste sich öffnet. Märchen wirken an den Begrenzungen des Bewusstseins vorbei. Sie reichen hinab in Persönlichkeitsschichten, in denen die Ängste ihren Ursprung haben. Märchen fordern die Kreativität des Zuhörers. Sie beantworten Fragen, die nicht gestellt wurden und wecken Fragen, die seither unterdrückt wurden oder beantwortet schienen. Sie bieten Lösungen an, die man gleichermaßen annehmen, ablehnen oder als Aufforderung verstehen kann, seine eigene Lösung zu finden.

In einer Zeit, die vom zweckgerichteten Denken, von Computer und Fernsehprogrammen dominiert wird, bedarf die Kreativität der Entwicklungshilfe. Besonders im Umgang mit den Ängsten unserer Kinder brauchen wir mehr kreative Lösungen.

Eines unserer Hauptmotive wird hoffentlich keinem Leser verborgen bleiben: Märchen erzählen macht Freude.

Das große und
das kleine rote Auto

Es war einmal ein großes rotes Auto und ein kleines rotes Auto, die fuhren nach – Berlin. Das große rote Auto hatte vier gelbe Räder. Das kleine rote Auto hatte vier grüne Räder. Das große rote Auto mit den gelben Rädern fuhr vornweg, weil es den Weg nach Berlin kannte. Das kleine rote Auto mit den grünen Rädern fuhr hinterher, um den Weg zu lernen. Das große rote Auto hatte eine runde Hupe, die machte „tut-tut". Das kleine rote Auto hatte eine viereckige Hupe, die machte „tröt-tröt". Das große und das kleine rote Auto hatten viel Spaß beim Fahren. Sie machten „tut-tut" und „tröt-tröt", lachten dabei laut und sangen:

> „tut-tut wir fahren
> wir fahren nach Berlin
> tröt-tröt wir fahren,
> wir brauchen bald Benzin".

Abends, wenn sie in Berlin ankamen, stellten sie sich dicht nebeneinander in die Garage und schliefen.

Eines Tages sagte das große rote Auto zum kleinen roten Auto: „Heute muss ich nach Paris fahren. Das ist sehr weit. Da kannst du nicht mit. Du bleibst in der Garage. Ich komme bald wieder." „Nein, nein", weinte das kleine rote Auto, „ich will nicht alleine in der Garage bleiben!". „Gut", sagte das große rote Auto, „du darfst auch um die Garage drumherum fahren – aber nicht weiter weg ohne mich." „Ja", sagte das kleine rote Auto ganz betrübt. Das große rote Auto blinkte zum Abschied und fuhr los. Da hörte es hinter sich das kleine rote Auto ganz laut weinen und schreien. Das große rote Auto drehte um und fuhr zum kleine rote Auto zurück: „Was hast du denn?", fragte es. „Ich will nicht ohne dich sein", schluchzte das kleine rote Auto. „Aber ich komme doch morgen schon wieder", tröstete das große rote Auto. „Wann ist morgen?", fragte das kleine rote Auto. „Morgen ist, wenn es einmal dunkel war und du in der Garage geschlafen hast", antwortete das große rote Auto. „Ja", sagte das kleine rote Auto traurig. Da blinkte das große rote Auto wieder und fuhr zum zweiten Mal los. Aber das kleine rote Auto schrie so schrecklich hinter ihm, dass es gleich wieder umkehrte. „Was ist denn jetzt noch los?", fragte das große rote Auto ungeduldig. „Ich will nicht, dass du wegfährst. Du sollst hierbleiben!", schrie das kleine rote Auto so laut es konnte. „Aber ich komme doch morgen wieder. Du musst nur einmal schlafen. Andere Autos können auch so lange warten", schimpfte das große rote Auto. „Ich will nicht, ich will nicht, ich will nicht", weinte das kleine rote Auto bitterlich. Da dachte das große rote Auto einen Augenblick nach: „Vielleicht hat das kleine rote Auto Angst, dass ich nicht wiederkomme. Vielleicht glaubt es mir nicht." Das große rote Auto hatte eine gute Idee. Es gab dem

kleinen roten Auto schnell einen seiner gelben Vorder-
reifen ab und nahm sich stattdessen einen grünen. Nun
hatte das große rote Auto drei gelbe Reifen und einen
grünen. Das kleine rote Auto hatte drei grüne Reifen
und einen gelben. Das kleine rote Auto strahlte. Das
große rote Auto blinkte mit seinen Scheinwerfern,
drückte auf die runde Hupe „tut-tut" und fuhr davon.
Das kleine rote Auto drückte auf seine viereckige Hupe
„tröt-tröt" und blieb zufrieden in der Garage. Jetzt ist es
ganz sicher, dass das große rote Auto wiederkommt
und morgen würden sie wieder nebeneinander herfahren
und singen:

> „tut-tut wir fahren
> wir fahren nach Berlin
> tröt-tröt wir fahren,
> wir brauchen bald Benzin".

Das große und das kleine rote Auto –
Der Verlustangst kleiner Kinder kann man durch eine
Symbolhandlung begegnen

Kinder haben das Bedürfnis, sich ihrer Bezugspersonen
regelmäßig zu versichern. Das beginnt beim Kleinkind
im Alter von 8–9 Monaten, wenn es erfasst, dass die
Hauptperson, meist die Mutter, lebensnotwendig ist. In
dieser Zeit lernt das Kind die Mutter von anderen Per-
sonen zu unterscheiden. Es lässt sich nicht mehr von jedem X-Beliebigen trösten, sondern es will von der Mut-

ter aufgefangen werden. Es reagiert auf Trennung von der Mutter mit Verlustangst. Im Alter von 10–12 Monaten weiß das Kind, dass die Mutter auch dann da ist, wenn es sie nicht sieht. Piaget hat für diese Fähigkeit des Kindes den Begriff „Objektpermanenz" geprägt. Die Einbindung des Vaters in die Mutter-Kind-Dyade ermöglicht dem Kind die Ablösung von der Mutter und das Selbständig werden. Kontrollbedürfnis und Verlustangst lassen nach.

Hinter dem Märchen steht folgende Realität: Damian ist drei Jahre alt. Eines Montags verabschiedet sich sein Papa. „Ich fahre jetzt nach Dortmund. Am Freitag komme ich wieder." Damian schreit: „Du sollst nicht wegfahren." Papa versucht ihn zu trösten, vergeblich. Damian brüllt uneinsichtig weiter: „Du sollst nicht wegfahren." Da zieht Papa sein Taschenmesser heraus, eines mit Korkenzieher, Flaschenöffner, Nagelfeile, Schraubenzieher und Schere, ein wahres Wunderwerk: „Pass bitte darauf auf, bis ich zurückkomme. Nachts legst du es am besten unter dein Kopfkissen." Damian nimmt das Messer an sich, als sei es ein Vaterersatz, ein Unterpfand der Treue, und lässt den Vater losfahren. Der Zeitraum von Montag bis Freitag ist für ein dreijähriges Kind eine Unendlichkeit. Es braucht sichtbare Zeichen für die Rückkehr des Vaters. Eine Möglichkeit ist die Übersetzung der Zeit ins Räumliche, wie wir sie vom Adventskalender her kennen. Abendliche Telefongespräche zerlegen die Woche in handliche Größen. Am ehesten gewinnt ein Kind seine emotionale Sicherheit, wenn es einen Teil der geliebten Person zurückbehält.

Damian ist ein typisches Beispiel eines durch zu lange berufliche Abwesenheit eines Elternteils verunsicherten Kindes. „Pars pro toto": Das Taschenmesser hat auf Damian eine fast magische Wirkung. „Wer sein Taschenmesser hier lässt, ist nicht richtig fort und kommt bestimmt zurück" ist die Botschaft, die Damian versteht.

Johanna lernt

Johanna und ihre Mama sehen zu, wie junge Vögel fliegen lernen. Im Nest sitzen drei Meisenkinder lärmend und flatternd. Papa und Mama sind ausgeflogen. Abwechselnd drängt sich jede junge Meise zum Nestrand vor, flüchtet dann aber wieder zurück ins warme tiefe Nestinnere. Das dauert, bis die Mama kommt. Jetzt herrscht Ruhe. Die Meisenmama setzt sich auf den äußersten Rand des Nestes, wartet bis alle drei Jungen ihr zusehen, macht einen Sprung in die Luft und beginnt, mit den Flügeln zu schlagen, etwas zu schnell und ein wenig unbeholfen wie ein junger Vogel. Dann kehrt sie zum Nestrand zurück und zeigt es den Jungen noch einmal und noch einmal. Der Meisenpapa hat sich ins Gras unter das Nest gesetzt. Er passt auf, dass die Katze nicht in der Nähe ist. Dann lockt er seine Jungen: „Piep, piep, hier ist alles ganz weich; piep, piep, kommt zum Papa; piep, piep; ich habe einen saftigen Wurm für euch; piep, piep." Meiseneltern sind geduldige Eltern.

„Warum macht die Meisenmama das?", fragt Johanna.

„Damit die Meisenjungen fliegen lernen."

„Wenn ich eine Meise wäre, könnte ich dann auch fliegen?"

„Ja, alle Meisen lernen fliegen."

Inzwischen sind zwei der Meisenjungen auf dem Gras gelandet. Dort hüpfen, picken und flattern sie wie alle jungen Meisen bei ihrem ersten Ausflug. Das dritte Meisenjunge sitzt noch auf dem Nestrand und zögert.

„Warum fliegt das Meisenjunge nicht?"

In diesem Augenblick gibt die Meisenmama dem Jungen einen leichten Schubs. Es fliegt zu seinen Geschwistern hinab auf den Rasen.

„Ich möchte keinen Schubs bekommen."

„Kinder, die von alleine tun, was nötig ist, brauchen keinen Schubs."

Später möchte die Mama Johanna die Haare schneiden. Sie holt die Schere.

„Ich will nicht."

„Du siehst mit deinen langen Haaren aus wie ein Zottelschaf. Möchtest du das?"

„Nein, ich bin kein Zottelschaf."

Die Mama nähert sich Johanna mit der Schere. Johanna schreit. Da kommt die Oma.

„Ich wollte mir schon lange die Haare schneiden lassen."

Die Mama schneidet der Oma die Haare. Beide lachen. Johanna staunt. Dann lacht sie mit. Am Abend lässt sich auch Papa die Haare schneiden – es ist großer Haarschneidetag. Johanna sitzt neben ihm. Die Mama macht abwechselnd schnipp bei Johanna und schnapp bei Papa und schnipp und schnapp und schnipp und schnapp. Am Ende sind Oma, Papa und Johanna auf ihren Berg abgeschnittener Haare stolz.

Einige Zeit danach muss Johanna zum Kinderarzt.

„Die Oma soll zum Arzt gehen", weigert Johanna sich.

„Die ist gesund."

„Der Opa soll zum Arzt gehen."

„Der war schon."

„Ich will trotzdem nicht."

„Erinnerst du dich noch, wie die Meisenjungen fliegen gelernt haben?"

„Ja, ich will nicht geschubst werden."

„Wir gehen zusammen hin. Der Arzt hat einen weißen Kittel und ein Hörrohr. Damit horcht er an deinem Rücken und deinem Bauch, wie du dich innen anhörst. Dann gibt er dir eine Spritze, damit Husten und Schnupfen weggehen. Wenn es piekt, sagst du „aubacke!". Dann gehen wir wieder nach Hause."

Am Abend berichtet Johanna dem Papa. „Wir waren beim Kinderarzt. Ich habe „aubacke" gesagt und nicht geweint."

Johanna lernt – Wie Eltern Kindern notwendige Erfahrungen vermitteln

Die Botschaft des Märchens richtet sich gleichermaßen an Eltern und Kind. Eltern können von der Meisenmutter lernen, dass sie konsequent und innerlich überzeugt durchsetzt, was sein muss. Jede Meise lernt fliegen, jedes Kind wird sauber, muss zum Arzt gehen, kommt in die Schule, muss Schmerzen ertragen und Verluste hinnehmen. Diskussionen verzögern und erschweren das Unumgängliche. Handeln ist angesagt.

Das ist auch die Botschaft an das Kind. Der kürzeste Weg, die Angst zu überwinden, ist das eigene Tun. Es ist besser, die Notwendigkeit anzuerkennen.

Das Tröstliche ist, dass es von Mal zu Mal leichter wird, sich zu überwinden, sowohl für die Eltern als auch für das Kind. Wer einmal ein Pflaster mit einem „Ratsch" beseitigt hat und gemerkt hat, dass das nicht weh tut, hat ein für alle Mal gelernt.

Der Frosch und die Spinne

Am klaren Bach, der durch die Wiese fließt, lebt Quak, der kleine grüne Laubfrosch. Mit seinen Froschfreunden spielt er Fangen auf den glitschigen Steinen und Verstecken zwischen den Bachvergissmeinnicht und den Sumpfdotterblumen. Zum Frühstück fängt er sich drei fette Mücken, zum Mittagessen gräbt er sich einen Wurm aus dem Schlamm und am Abend verspeist er ein paar zarte Blattläuse. Quak ist ein gesunder Laubfrosch, der von seinen Froscheltern alles gelernt hat. „Versteck dich vor dem Storch im Grünen. Nur dort kann er dich nicht finden, denn du bist genauso grün", hat die Froschmama ihm beigebracht. Der Froschpapa ergänzt: „Sei quakfidel und freue dich deines Froschlebens."

Am Bach wohnt auch die große, schwarze Spinne Negra. Sie hat ihr Netz mit einem langen Faden an einem schlanken Halm auf dieser Seite des Baches befestigt und mit einem ebenso langen Faden an einer biegsamen Binse auf der anderen Seite des Baches, sodass das kunstvolle Gebilde nur wenige Zentimeter frei über dem Wasser schwebt. In seinem feinen Gespinst glitzert die Sonne in zarten Wassertröpfchen. Von der spiegelnden Sonne getäuscht, verfangen sich Mücken, Schnaken und Eintagsfliegen im Netz. Die schwarze Spinne verspeist sie genussvoll. Quak sieht ihr zu und sagt neidisch: „Du hast es leicht satt zu werden. Ich muss ganz viel hüpfen und in die Luft springen, bis ich nur eine einzige dürre Schnake erwische. Die Fliegen sind noch schneller weg. Wenn ich einen Wurm haben will, grabe ich meist zehn Löcher vergeblich." „Ja", sagt die Spinne herablassend, „das kommt, weil alle Frösche etwas dumm sind." „Nein, wir Frösche sind nicht dumm", wehrt sich Quak entschieden. „Doch", erwidert Negra, „wenn ihr klug wäret, würdet ihr die Fliegen, Mücken und sogar kleine Libellen mitten über dem Wasser fangen, wo sie sich am liebsten aufhalten – genauso wie ich es tue." „Das geht nicht", protestiert Quak, „wenn ich mitten im Bach auf einem Stein sitze um Fliegen zu fangen, dann sieht mich der Storch und frisst mich. Die Steine sind braun, das Wasser ist grau und glänzt silbrig und ich bin grasgrün." „Sei kein Frosch", sagt die schwarze Spinne verlockend, „spring schnell auf den Stein dort, hüpf in die Luft und hole dir die dicke Fliege dort, dreh dich um und spring zurück hierher. Bis der Storch dich sieht, bist du wieder im Grünen." „Aber der Storch steht vielleicht schon seit Stunden ganz still in unserer Nähe. Er wird mich im Sprung erwischen und auffressen", quakt der kleine Laubfrosch ängstlich. „Du Feigling", höhnt die Spinne, „ich sag es doch: alle Frösche sind ein bisschen dumm. Sei kein Frosch, spring einfach los!" Da spannt Quak die Muskeln an seinen Hinterbeinen zum Sprung an, hebt die Vorderbeine vom Gras. Gerade als er abheben will, spürt er, dass sein rechtes Hinterbein mit aller Macht festgehalten wird. Es ist Hops, sein kleiner Bruder. „Halt, bleib hier", schreit Hops entsetzt und klam-

mert sich an Quaks Bein. „Lass los, du Spinner", schreit
Quak ihn an, „ich will die dicke Fliege dort haben."
„Nein, lass das." „Doch, ich will." „Ich bin stärker."
„Nein, ich bin stärker." Während Quak und sein Frosch-
bruder hin- und herzerren, watet Meister Storch ganz
langsam auf seinen roten Stelzenbeinen im Wasser des
Baches an den beiden vorbei. Er sieht die Laubfrösche im
grünen Gras bei den Sumpfdotterblumen nicht und
auch nicht das kunstvolle Netz der Spinne Negra, das er
mit seinen langen Beinen zerreißt.

Der Frosch und die Spinne –
Angst ist ein natürlicher Schutz

Noch einmal Glück gehabt, oder Rettung im letzten Augenblick, so könnte man die Episode aus dem Laub-
froschleben bezeichnen. Nichts fehlt dem Frosch: Fette
Mücken zum Frühstück, einen Wurm mittags und zarte
Blattläuse zum Abendessen, das ist Luxus. Da tritt der
Versucher auf und schon stellt sich das Froschleben als
eine Mühsal um kargen Lohn wie „einer einzigen dür-
ren Schnake" dar. Der Befehl der Eltern: „Versteck dich
im Grünen", wirkt nicht mehr. Die Erklärung: „Im Grünen sieht dich der Storch nicht, denn du bist genauso
grün", ist vergessen. Das einzige, was noch funktioniert,
ist die Angst, verkörpert durch Hops, den kleinen Bruder
Quaks. Angst kann in kritischen Situationen zum besten, mitunter zum einzigen Schutz werden. Das ist die
Märchenbotschaft. Gebt euren Kindern neben Weisun-

gen und Erklärungen den Schutz der Angst mit. Die schwarze Spinne Negra ist der Versucher, ausgestattet mit den Attributen des Bösen. Sie ist schön und gruselig zugleich. Sie verlockt mit köstlicher, in glitzerndem Gespinst dargebotener Speise. Zugleich erniedrigt sie Quak: „Du bist dumm." Die Spinne steht sinnbildlich für das soziale Umfeld eines Kindes, für seine Peergruppe, die verlockt und droht, die Kinder instinktsicher dort packt, wo sie verletzlich sind, beim Selbstwert.

Nennen wir einige Beispiele, die den Hintergrund des Märchens bilden. In unserer Kindheit, 1946, als die Fulda gerade zufror, war es ein Sport unter uns Jungen, sich möglichst weit auf das sich noch biegende und knackende Eis hinauszuwagen. Zwei Monate später ging es darum, beim Eisgang auf dem Fluss von Scholle zu Scholle zu springen. Ich hätte bei diesen Mutproben nicht mitgemacht, hätte ich nicht meine Freunde gefürchtet. Die Freundschaft stand auf dem Spiel, niemand wollte der Freund eines Feiglings sein. – Die Elternperspektive: 1980 haben wir unseren Sohn Felix mit zwei älteren Jugendlichen auf den Bahngleisen beobachtet. Die Älteren hatten ihn so lange gehänselt, bis er sich an der Mutprobe beteiligte. Ähnliche Mechanismen laufen ab, wenn Jugendliche zum Konsum von Zigaretten, Alkohol oder Drogen „überredet" werden. –

Eltern können Kinderängste verächtlich abwerten – „Ein Junge hat bei so etwas keine Angst" – oder aber ihre Kinder loben: „Das war vernünftig, dass du dich nicht weiter hinaus gewagt hast". Sie können mit gutem Beispiel vorangehen „Hier am Ufer ist das Eis schon sehr

stabil, zur Mitte hin sind noch immer offene Wasser-
stellen. Ich habe Angst einzubrechen". Sie können ihren
Kindern Lebenserfahrung vermitteln, wo die Grenze
zwischen unnötiger und vernünftiger Furcht verläuft.
„Wir sehen erst einmal zu, wie die anderen diesen
Schneehang runterkommen, ehe wir los fahren." Sie
können körperliches und soziales Geschick ihrer Kinder
fördern: „Wer so gut klettert wie du, hat genug Mut be-
wiesen. Mutproben sind etwas für Kinder, die das nicht
können." Kinder, die mit Unterstützung ihrer Eltern
gute Freundschaften pflegen, sind im Wesentlichen gegen die Gefahr der Peergruppe resistent.

Heute Nacht hat der Spatz
schlecht geträumt

Als die Spatzenmama morgens ihre Spatzenschar begrüßt, fragt sie wie immer: „Habt ihr gut geschlafen?" „Tschilp, tschilp, tschilp", antworten die kleinen Spatzen lustig durcheinander, plustern ihr Gefieder im Morgenwind und machen sich fertig zum Ausfliegen. Nur eins ist gar nicht lustig. „Was ist mit dir, Dora?", fragt die Spatzenmama besorgt, „warum zitterst du?" „Ich habe heute Nacht etwas Schreckliches geträumt", piepst das Spatzenkind kaum hörbar und versucht seinen Kopf unter dem Flügel zu verstecken. Behutsam rückt die Spatzenmama nahe an Dora heran, zupft sie sanft am Gefieder, wie sie es tut, wenn eines ihrer Kinder krank ist, und fordert Dora mit liebevoller Stimme auf: „Erzähle mir deinen Traum, Dora." Dora hebt ihr Köpfchen ein wenig und beginnt mit verzagter Stimme: „Ich war im Traum in Nachbars Garten, Mama. Dort, wo du gesagt hast, dass wir nicht hinfliegen sollen, weil Nachbars Kater Tim so hinterlistig, gemein und gefährlich ist. Ich war da, weil der Nachbar sein Gras frisch eingesät hat. Grassamenkörnchen schmecken mir so schrecklich gut, Mama. Ich wollte im Traum nur schnell eines naschen und wieder fortfliegen. Dann habe ich zwei, drei, vier Körner gepickt und plötzlich sehe ich vor mir das zottige graue Fell von Tim. Er dreht den Kopf zu mir, spitzt die schwarzen Ohren, seine gelben Augen blitzen. Mama, ich hab vor Angst am ganzen Körper gezittert. Schnell hüpfe ich ins Gebüsch. Aber Tim sieht mich und folgt mir. Ich flattere auf einen Ast, Tim springt am Stamm hinauf. Ich will zum nächsten Baum fliegen. Aber so weit schaffe ich es noch nicht. Ich plumpse auf den Boden. Ehe ich weiterflüchten kann, springt Tim mich an. Er schnappt nach mir. Ich entkomme gerade noch. Da sehe ich vor mir das offene Fenster vom Nachbarhaus und fliege blind vor Angst hinein. Ich bin in der Küche und rette mich mit letzter Kraft auf die Küchenlampe. Tim springt. Ich flattere auf den Kühlschrank. Tim setzt wieder zum Sprung an. Seine Augen funkeln. Im Sprung fährt er seine scharfen Krallen aus. Er weiß, ich bin in der Falle. Da sehe ich, dass zwischen dem Kühlschrank und der Küchenwand ein schmaler Spalt ist. Ich lasse mich hinunterplumpsen und ..., – wache auf. Mama, ich weiß, es war nur ein Traum. Jetzt habe ich solche Angst vor Tim. Ich sehe seine gelben Augen funkeln und seine schrecklichen Krallen. Ich habe so furchtbare Angst." Als Dora ihren Traum zu Ende erzählt hat, verkriecht sie sich zitternd unter die Flügel der Spatzenmama. „Dora", sagt die Spatzenmama sanft, „ich zeige dir jetzt einen Weg aus deinem schlimmen Traum, damit du wie deine Spatzengeschwister fröhlich in den neuen Tag hineinfliegen kannst. Versetz dich nochmal in die Schrecksekunde vor deinem Erwachen und zwar genau an die Stelle, wo du hinter dem Kühlschrank in der schmalen Spalte zur Wand unten am Boden hockst. Dort kann Tim dir nichts

mehr tun. Du bist gefangen, ganz verängstigt, ein bisschen gerupft bist du auch und alles tut dir weh von der
wilden Flucht. Bist du wieder ganz drin in deinem
Traum?" „Ja, Mama, es ist schrecklich." „Jetzt träume
deinen Traum von dieser Stelle aus so lange weiter, bis
er für dich langweilig wird. Nimm deine Phantasie zur
Hilfe. Du weißt, im Traum ist alles möglich. Du kannst
im einen Augenblick zu Hause sein und im nächsten in
Afrika."

*An dieser Stelle des Märchens können Sie Ihr Kind ein-
laden, den Traum des kleinen Spatzen zu Ende zu phantasieren.*

So träumt Dora ihren Angsttraum zu Ende: „Also, mir
fällt da gar nichts Wildes ein von Afrika und so. Ich
hocke ganz eng im Dunkeln hinter dem Kühlschrank
auf dem kalten Küchenboden. Es ist staubig. Langsam
spüre ich, dass meine Kraft wiederkommt. Ich piepse
um Hilfe – ob das jemand hört? Ich piepse und piepse bis
ich wieder keine Kraft habe. Mama, es passiert nichts in
meinem Traum. Jetzt bin ich hilflos und traurig."
„Träum' weiter, liebe Dora", ermuntert die Spatzenmama, „und was hörst du jetzt?" „Ja, ich höre, wie jemand die Kühlschranktüre öffnet. Ich piepse mühsam
und kratze an der Kühlschrankwand. Eine erschrockene
Frauenstimme schreit: „Hans, komm mal schnell, da ist
etwas Lebendiges im Kühlschrank – komm, bevor es er-
friert." Ich höre eine ruhige Männerstimme: „Tine,
mach keinen Quatsch, das kann doch nicht sein." Die
Frau antwortet: „Doch Hans, es piepst wie ein Vögel-

chen." Der Mann lacht laut los: „Ha, ha Tine, du wirst im Supermarkt ein lebendes Hühnchen erwischt haben, ha, ha ha." Ich höre durch die Wand, wie Tine den Kühlschrank leer räumt. Dann ruft sie: „Hans, du musst kommen! Es piepst nicht aus dem Kühlschrank. Ich habe ihn leer geräumt. Ein Vögelchen ist hinter den Kühlschrank gefallen." „Mama, eben wird mein Traum langweilig, weil ich weiß, dass er gut ausgeht", zwitschert Dora erleichtert. Sie plustert ihr Gefieder im Morgenwind, piepst: „Danke, Mama" und fliegt beschwingt zu ihren Spatzengeschwistern.

Angstträume kann man heilen

Tungurahua und
die Insel der Träume

Den ganzen Tag ist Cosmas gelaufen, jetzt sind seine Glieder müde. Die Füße schmerzen. Da steht vor ihm auf dem Weg Tungurahua, ein riesiger Geier mit schwarzem Geflügel und silbergrauer Halskrause. „Steig auf und halte dich an meinem Hals fest", sagt er. Sie fliegen steil hinauf, durch Nebelschwaden und Wolken, bis sie die Traumwelt erreichen. Als erstes durchdringen sie den lichtblauen Schleier, einige Zeit später den zartrosa Schleier, dann den hellgrünen Schleier und zuletzt den Silberschleier. Unter ihnen taucht im goldenen Meer die Insel der Träume auf. Sie landen sanft. Beim Gang über die Insel bleibt Tungurahua an Cosmas Seite. Ihr Weg beginnt bei den Träumen vom Fliegen. Es sind leichtfüßige, ein wenig übermütige Gesellen. „Euch kenne ich alle", erklärt Cosmas. Zwischen die Träume vom Fliegen haben sich einige plumpe Gestalten geschlichen, bei deren Anblick Cosmas eine Gänsehaut den Rücken runterläuft. Schnell zieht er Tungurahua weiter zu den Träumen von Wasser- und Luftschlössern. Alle Schlösser sind aus Glas, weiträumig und prächtig. Die Luftschlösser sind durchsichtig, die Wasserschlösser vielfarbig schillernd. „Hier sind wir bei den Lieblingsträumen aller Menschen", erklärt

Tungurahua, „sie haben einen Mangel: am Ende fallen sie in Nichts zusammen." „Kannst du mir schöne Träume zeigen, die beständig sind?", fragt Cosmas. „Ja, es gibt Träume, die als angenehmes Gefühl nach dem Erwachen fortdauern", erwidert Tungurahua und führt Cosmas zu den Träumen vom Paradies. Cosmas sieht Kinder, die auf dem Schoß ihrer Eltern glücklich sind, Brüder und Schwestern, die sich vertragen, Löwen und Antilopen, die miteinander spielen und Gott Vater, der mit Adam und Eva im Schatten des Lebensbaumes sitzt. Da sind hohe Berge, Wasserfälle, schattenspendende Wälder, fruchtbare Gärten und allerlei Getier. Überall ist Frieden. Der Wolf spielt mit dem Schaf, der Löwe mit der Antilope und der Habicht mit der Maus. „Wollen wir jetzt zu den Abenteuerträumen gehen, zu den Computerträumen oder zu den Zukunftsträumen?", fragt Tungurahua. Cosmas schüttelt den Kopf: „Am liebsten bliebe ich im Paradies. Letzte Nacht hatte ich einen schönen Traum, der abbrach, als mein Wecker klingelte. Ich habe vergeblich versucht, den Traum wiederzufinden." „Gehen wir zu deinem schönen Traum", sagt Tungurahua und führt Cosmas über eine Brücke in die Traumwerkstätten. Im ersten Werkraum liegen viele abgebrochene Träume und außerdem Nadel und Faden, Klebstoff und Schweißgerät. Erfreut entdeckt Cosmas die beiden Teile seines schönen Traumes, bindet sie aneinander und nimmt zufrieden seinen Traum mit. „Ich will auch die anderen Werkstätten sehen", fordert er. „Viele Menschen quälen sich mit Träumen, die jede Nacht wiederkommen." Sie sind in der nächsten Werkstatt. Dort gibt es Scheren, Rasierklingen und Sägen. „Wer mit seinem Traum hierher kommt, schneidet ihn an der Stelle ab, an der er enden soll", erläutert Tungurahua. Cosmas interessiert die Werkstatt der Verfolgungsträume. Als sie diese betreten, findet er einen eigenen Traum wieder. Tungurahua zeigt Cosmas, wie er einem Verfolger im Traum entkommt. Es gibt Seile, um auf einen Baum zu klettern, Flügel, um sich in die Luft zu erheben, Türen, um sie hinter sich zuzuschlagen, Siebenmeilenstiefel, um davonzulaufen, Tarnkappen, um unsichtbar zu werden, Zauberstäbe, um den Verfolger zu lähmen und Schwerter, um ihn unschädlich zu machen. „Wenn nichts hilft, ruf mich. Im Traum bin ich jederzeit für dich da", beendet Tungurahua die Führung durch die Traumwerkstätten. „Was mache ich mit Träumen, von denen beim Erwachen nichts übrig bleibt als das Gefühl von Angst? Die Angst ist so groß, dass ich den Traum um alles in der Welt nicht erinnern möchte", fragt Cosmas. „Steig wieder auf meinen Rücken und schlinge die Arme um meinen Hals", erwidert Tungurahua. „Während wir zurückfliegen, zeige ich dir, wie du dich von einem Angsttraum befreist." Sie fliegen steil hinauf und lassen die Insel der Träume hinter Nebel und Wolken zurück. Als sie den silbernen Schleier durchdringen, sehen sie, wie sich im Schleiergewebe Angstkobolde verfangen haben, die sich umso mehr verstricken, je heftiger sie sich wehren. Im hellgrünen Schleier hängen feinere Ängste fest, solche, die gewöhnlich den Rücken hochkriechen und eine Gänsehaut machen. Der zartrosa Schleier gebietet allem ängstlichen Jammern und Stöhnen Halt, der hellblaue schließlich ist undurchlässig für den bitteren Geruch der Angst. Sie landen dort, wo sie den Flug zur Trauminsel begonnen haben. Leicht und befreit geht Cosmas seinen Weg.

Heute Nacht hat der Spatz schlecht geträumt und Tungurahua und die Insel der Träume – Angstträume kann man heilen

Jeder Mensch hat Angstträume. Wir müssen mit ihnen leben. Um ihnen den richtigen Stellenwert zu geben, ist der Hinweis wichtig, dass sie nur einen geringen Anteil unseres Traumerlebens ausmachen. Die Überzahl der Träume ist wohlig, angenehm, phantastisch oder abenteuerlich. Wenn Kinder morgens noch „verträumt" sind und sich gegen das Wachwerden sträuben, sind es die schönen Träume, die sie noch fesseln. Angenehme Träume erzählen zu dürfen, erleichtert das Wachwerden.

Angstträume drängen sich vor. Sie sind so intensiv, dass wir oft mitten im Traum in auswegloser Situation erwachen. Hier hilft bei Erwachsenen wie Kindern dieselbe Technik: das Zuendeträumen. Sie wecken Ihr Kind aus dem Halbschlaf, erklären ihm, dass die Angst nur im Traum existiert und bitten es, den Traum zu erzählen. Das schafft Abstand. Dann lassen Sie Ihr Kind in die letzte Traumszene mit der Vorgabe hineinsteigen: „Träume so lange weiter, bis du ein gutes Ende gefunden hast." Stockt Ihr Kind wie der kleine Spatz: „Mir fällt

nichts ein", so ermuntern Sie es, wie es die Spatzenmama getan hat: „Und jetzt?" , „Und was siehst du?",
„Und was hörst du?" Kindern fällt immer etwas ein.
Ihre Aufgabe beschränkt sich darauf, das Gefühl Ihres
Kindes am Ende des Traumes zu überprüfen und es so
lange „weiterträumen" zu lassen, bis sich die Angst auf-
gelöst hat.

Mitunter gibt es Träume, deren Inhalt vergessen ist,
von denen nur das Gefühl bleibt. Ist das Gefühl Angst,
empfiehlt sich eine „Schleiertrance", wie sie im Märchen angedeutet ist. Sie lassen Ihr Kind durch eine
Schleierlandschaft fliegen. Die Schleier sind durchsichtig und durchlässig für alles, ausgenommen die Angst,
die sich im Schleiergespinst verfängt. Sie wiederholen
dasselbe Grundmotiv und verändern nur die Qualität
der Schleier, bis die Angst verklungen ist. Die Schleier
können aus Luft oder zerstäubtem Wasser gewebt sein,
die Form von Bienenwaben oder einem Spinnennetz haben oder in allen Farben des Regenbogens schillern. Lassen Sie Ihrer Phantasie freien Lauf. Ein Traumrucksack,
in dem sich – angefangen beim Zauberring – alle Mittel
zur Abwehr von Traumängsten befinden, kann eine
wertvolle Einschlafhilfe bieten. Als unser Enkel Jonathan in einer Serie von Träumen von einem Tannen-
baum bedrängt wurde, der tagsüber auf dem Nachbar-
grundstück wuchs und nachts an sein Bett kam, um ihn
zu kratzen, gaben seine Eltern ihm Säge, Axt und einen
dicken Strick als Traumausrüstung mit. Von da an
wagte sich der Baum nicht mehr ins Kinderzimmer.

Das Gespenst aus dem Kleiderschrank

„Huhuuuh, huhuuuh, ich bin das Gespenst aus dem Kleiderschrank. Huhuuuh, Huhuuuh, nachts wenn es stockdunkel ist, knirsche ich mit den Zähnen, lasse meine morschen Knochen knacken und stöhne, manchmal raschele ich leise mit meinem Gespensterhemd, manchmal stolpere ich absichtlich über meine eigenen Füße und zuweilen pfeife ich plötzlich einen schrillen Ton, dann wieder blase ich so heftig, dass die Gardinen flattern und die Türe zuschlägt. Ich kann alles, was ein ordentliches Gespenst braucht, um Kindern nachts einen gehörigen Schrecken einzujagen. Aber du musst keine Angst vor mir haben, denn ich bin schon ein sehr altes Gespenst und den Spaß am kunstgerechten Spuken haben mir Zacharias und Elias ein für alle Mal ausgetrieben. Willst du hören, wie sie das gemacht haben? Nun, eigentlich erzähle ich dir meine Geschichte gar nicht so gerne, weil ich nicht so gut darin abschneide. Heute bin ich aber alt genug, um darüber auch zu lachen und Zacharias für seinen Mut, Elias für seine Phantasie zu beneiden. Also, das war so: Wenn wir Gespenster 14 Jahre alt sind und gut in der Gespensterschule waren, dürfen wir uns selbst einen Ort aussuchen, an dem wir spuken wollen. Ich entschied mich für den Kleiderschrank im Kinderzimmer von Zacharias. Zacharias war damals gerade erst zwei Jahre alt. Übrigens nannten ihn alle Zacha, weil sein Name so schrecklich lang ist. Sein Bruder Elias war noch nicht auf der Welt. Ich dachte, es würde einfach sein, einen so kleinen Jungen nachts zu erschrecken, und ich könnte mich auf diese Weise langsam in die Gespensterkunst eingewöhnen. Damit behielt ich Recht. Wenn ich im Dunkeln nur leise hustete fuhr Zacharias aus dem Schlaf auf und fing an zu weinen. Meist kam seine Mama sofort mit einer Milchflasche und tröstete ihn. Was für ein Erfolg für mich! Manchmal kam sogar Zachas Papa. Wenn Zacha denn gar nicht aufhören wollte zu weinen, weil ich leise weiterhustete, was sein Papa nicht hörte, legte sich der Papa zu Zacha und beide schliefen ein. Es waren die erfolgreichsten Nächte für mich am Anfang meiner Gespensterkarriere. Das ging eine ganze Weile. Es wurde mir schon beinahe langweilig. Elias kam zur Welt. Mama und Papa hatten jetzt weniger Zeit für Zacha. Wenn ich ihn nachts wachgehustet hatte und er weinte, kam meist niemand mehr. Da hörte Zacha auf zu weinen und schlief trotz all meiner Bemühungen von alleine wieder ein – welch ein Ärger! Ich musste mir etwas Neues einfallen lassen. Ich hatte eine brillante Idee – sie war anfangs sehr erfolgreich. Jahre später machte ich mit ihr eine so abschreckende Erfahrung, dass mir die Lust am Spuken ein für alle Mal verging. Ich verließ meinen Kleiderschrank und legte mich unter Zachas Bett. Kaum war er eingeschlafen, stemmte ich mich von unten gegen die Matratze, hob sie schräg an, Zacha rollte auf den Boden, wurde wach und schrie laut nach

Mama und Papa. Beide fuhren zugleich aus dem Schlaf. Papa eilte ins Kinderzimmer: „Zacha ist aus dem Bett gefallen", rief er Mama zu. Zacha war untröstlich. Papa schlief diese Nacht endlich wieder bei ihm. Sechs Nächte lang wiederholte ich das Ganze erfolgreich. Welch ein glorreicher Sieg! Dann kam eines Abends Mama. Sie steckte ein Nachtlämpchen in die Steckdose neben Zachas Bett und erklärte ihm ernsthaft: „Zacha, du bist ein großer Junge. Du kannst, wenn du nachts aus dem Bett fällst, auch wieder hineinsteigen. Hier ist ein Nachtlicht, das dir den Weg zeigt." Mama spielte dann mit Zacha „Aus dem Bett fallen" und „Wieder ins Bett krabbeln". Dabei machte sie im Zimmer dunkel, nur das neue Lämpchen leuchtete. Zacha und Mama hatten viel Spaß bei diesem Spiel. Nur ich habe mich schrecklich geärgert. Von diesem Tag an war Zacha nämlich stolz darauf, wenn ich ihn nachts aus dem Bett gekullert hatte und er ohne fremde Hilfe wieder hineingekrabbelt war. Beim Frühstück am Morgen erzählte er davon, alle lobten ihn. Ich war stocksauer. Ein halbes Jahr lang ist mir damals nichts Neues eingefallen, zumindest nichts, was Zacha nachts gründlich Angst eingejagt hätte. Längst schlief Elias bei Zacha im Zimmer. Meine Versuche, Elias mit Husten nachts zu wecken, wie ich das bei Zacha so erfolgreich getan hatte, waren vergebliche Mühe. Wenn Elias davon überhaupt aufwachte, er hatte einen unverschämt tiefen Schlaf, sprach Zacha ihm tröstend zu: „Schlaf weiter, Elias, ich bin bei dir." Das war alles. Aber dann wurde es viel, viel besser für mich. Dafür gab es zwei Gründe. Zacharias ging in den Kindergarten. Er saß nun häufig abends bei Papa auf dem

Schoß, während Papa sich in den Nachrichten die Schrecknisse des Tages ansah. Zugleich hatte Mama begonnen Zacharias ein dickes Buch vorzulesen, in dem sie an jedem Abend an einer aufregenden Stelle abbrechen musste, denn dieses Buch war von Anfang bis zum Ende spannend. In jener Zeit habe ich mein Spuken zur hohen Kunst entwickelt. Ich bin mächtig stolz auf meine genialen Einfälle von damals. Zacha hatte im Kindergarten Indianer gespielt. Nachts ließ ich ihm mit Zischen die Pfeile nur so um die Ohren sausen, dass er sich unter der Bettdecke verkroch und trotzdem nicht schlafen konnte. Hatte er bei Papa auf dem Schoß im Fernsehen einen Autounfall gesehen, genügte es, wenn ich etwa um ein Uhr nachts kräftig die Schranktüre zuschlug, um ihn bis zum Morgen voller Angst wach zu halten. Die besten Spukideen kamen mir aber, wenn ich abends vom Kleiderschrank aus bei Mamas Vorlesen zuhörte. Huibuh, da wusste ich genau, wie ich zu rascheln, zu poltern, zu pfeifen oder zu stöhnen hatte, um Zacha eine Riesenangst einzujagen. Bei Elias waren meine Bemühungen leider nach wie vor vergebens. Der lächelte zum Beispiel im Schlaf, wenn ich gespenstisch pfiff. Wahrscheinlich dachte er an die Spatzen im Garten, die er erfolgreich gejagt hatte. Dummer Kerl! Dafür machte der Spuk für Zacha umso mehr Freude – nun ja, er war auch viel älter.

Das ging eine lange, lange Zeit. Diesmal blieb es spannend für mich. Ich hatte dermaßen viele gute Spukideen, dass ich mich manchmal nachts in meinem Kleiderschrank in Zachas warmen, weichen Wintermantel einmummelte, um endlich auch einmal zu schlafen. Dann kam diese abscheuliche Nacht, deren Ereignisse mir bis heute in meinen klapprigen Knochen stecken. Sie haben mir die Lust am Spuken versalzen. Ich getraue mich gar nicht, mich daran nochmal zu erinnern. Peinlich ist mir das. Aber, ich will es versuchen, denn ich habe es dir versprochen. Zacha war damals etwa acht Jahre alt, Elias war gerade sechs geworden. Er sollte bald in die Schule kommen. Seit einiger Zeit hatten beide die Angewohnheit, sich abends vor dem Einschlafen endlose Geschichten zu erzählen. Meist fing Elias, der sehr viel Phantasie hatte, eine Geschichte an. Wenn er nicht weiter wusste, erzählte Zacha drauflos. Er schmückte Elias Berichte mit wilden Abenteuern im Urwald oder auf dem Mond aus, bis er bemerkte, dass Elias bereits eingeschlafen war. Dann spann er seine Geschichte stumm weiter und schlief darüber ein.

Ich schmiedete nun anhand der Geschichte, die ich mitgehört hatte, meinen Spukplan für die Nacht. Dann kam jedoch alles ganz anders. „Lass uns heute eine Gespenstergeschichte erfinden", schlug Elias beim Zubettgehen vor. Zacha war damit einverstanden. Ich fand es superspannend. Um besser zuhören zu können, schlüpfte ich aus meinem Kleiderschrank und legte mich unter Zachas Bett, denn meist wurde eine Geschichte erst so richtig wild, sobald Zacha weitererzählte. Aber heute war alles leider anders – Huibuuh, wäre ich doch in meinem Schrank geblieben! Elias fing mit schauriger Stimme an: „Ich bin der Geist der bösen Zauberin ‚Trifalia'. Weil ich liebe Menschen in schreckliche Ratten verzaubert habe, hat man mir den Kopf abgehackt. Den trage ich jetzt unter meinem rechten Arm. Mein weißes Hemd ist ganz von Blut befleckt. Ich spuke jede Nacht zwischen ein und zwei Uhr". „Uijeh, wie gruselig", dachte ich unterm Bett, „wo hat Elias nur diese scheußliche Geschichte her. Mir wird ganz kalt beim Zuhören." Und tatsächlich, meine Zähne klapperten. Das hatte Zacha wohl gehört. Er erzählte Elias' Geschichte weiter: „Ich bin der Geist des grausamen Ritters ‚Schlangenbiss' Als ich noch am Leben war, züchtete ich sandfarbene Schlangen, die klapperten unaufhörlich mit ihren 17 Giftzähnen. Deshalb hat mich die gute Fee Sorcija zum Gespenst gemacht. Ich spuke auch jede Nacht zwischen ein und zwei Uhr." Aber das war noch längst nicht alles. „Ui", rief da Elias, „heute finde ich unsere Geschichte besonders toll. Ich bin noch gar nicht müde. Komm, wir verkleiden uns als ‚Böse Zauberin Trifalia' und als ‚grausamer Ritter Schlangenbiss'. Wir können ja ganz leise sein." Zacha war von Elias Vorschlag begeistert. Sofort band er sein Fastnachtsschwert um den Schlafanzug, klapperte grässlich mit den Holzbuntstiften im Schulmäppchen und rief mit drohender Stimme: „Ein Schlangenbiss und du fällst um." Elias hatte sich sein Betttuch derart umgeschlungen, dass man seinen Kopf nicht mehr sah. Unter dem rechten Arm trug er einen roten Luftballon, dem er Augen und Mund aufgemalt hatte. Sein Nachthemd hatte er mit Wasserfarbenblutstropfen bespritzt: „Ein Biss von mir und du bist eine eklig stinkende Ratte", zischte er. Als mein Gespenstergerippe nicht mehr allzu laut vor Angst klapperte, wagte ich einen Blick hinter dem rechten Bein des Bettes hervor. Was für ein furchterregender Anblick! Schnell verkroch ich mich wieder.

„Die müssen doch mal müde werden", tröstete ich mich. Es kommt noch viel schlimmer. „Wir spielen jetzt es ist ein Uhr, ja", flüsterte Elias und zischte dann leise: „Da unterm Bett liegt ein feiger Mensch. Den wollen wir beißen und verzaubern." Ehe ich auch nur einen Gedanken an Flucht fassen konnte, kroch Elias von rechts und Zacha von links unters Bett. Elias zischte bissig, Zacha klapperte bedrohlich. Ein Gespenst kann sich sehr dünn machen, müsst ihr wissen, aber auflösen kann es sich leider nicht. Mit vor Angst klappernden Zähnen machte ich mich also so dünn wie möglich. Ich passte gerade noch zwischen Elias und Zacha, die inzwischen in der Mitte unter dem Bett aufeinandergestoßen waren und furchtbar anfingen zu lachen. Zacha kitzelte Elias, der biss ihn immer wieder und quiekte dabei laut. Mir ging in meiner Dünnheit beinahe die Geisterpuste aus. Endlich vernahm ich die rettende Stimme von Papa und war befreit. Zacha und Elias ließen ihre Standpauke über sich ergehen und schlüpften in ihre Betten. Ich lag noch lange ganz erschöpft unter Zacharias' Bett und versuchte den Anblick von Trifalias blutbeflecktem Hemd und diese sandfarbenen Schlangenfinger zu vergessen. Warum hat mir in der Gespensterschule niemand beigebracht, wie man keine Angst vor Gespenstern hat?

Das Gespenst aus dem Kleiderschrank – Aus Ängsten kann man mit Erfahrung herauswachsen

In der Vorschulzeit leben Kinder noch in einer magisch mystischen Welt, in der die Übergänge zwischen Phantasie und Wirklichkeit fließend sind. Zum Inventar dieser Welt gehören Gespenster und die Angst vor Gespenstern. Die Angst wächst sich schrittweise aus, wenn die Kinder schulreif werden und in die Realitätsphase eintreten. Die Vorstellung von Gespenstern wird lächerlich. Gespenster gibt es, bei Lichte betrachtet, nicht mehr und Angst auch nicht, wie Kinder im Brustton der Überzeugung versichern werden. Die aus der Realität verdrängten Gespenster leben oft lange danach in nächtlichen Phantasien und Träumen fort.

Lässt man Kinder Gespenstergeschichten erleben oder Gespenster spielen, setzen sie sich mit ihrer Angst auseinander. Kinder, die einmal selber Gespenst waren, brauchen sich vor Gespenstern nicht mehr zu fürchten.

Der Moosmann und
das Hagebuttenmädchen

Wenn du immer tiefer hineingehst in den Zauberwald, dem schmalen gewundenen Pfad folgst, an dem rechts die giftigen Fliegenpilze Spalier stehen, wenn du dich oft genug unter herabgebrochenen Tannenästen durchgebückt hast, wenn du den feurigen Brennnesseln ausgewichen bist, dich von Brombeerranken und Kletten befreit hast und viele Male über schlüpfrige Steine geklettert bist, dann, ja dann kommst du endlich an den Zaubersee. Er liegt genau in der Mitte des Waldes. Sein Wasser ist klar, erfrischend kühl und von eisgrauer Farbe. An den Ufern des Sees schaukeln weiße und rosa Teichrosen und die Sumpfiris spiegelt ihre gelben Blüten im stillen Wasser. Hier wohnt der Moosmann. Er ist uralt. Sein Kopf und sein Körper sind gänzlich mit dickem, dunkelgrünem Moos bewachsen. Seine altersklugen, pfiffigen Augen sind von Moosbrauen beschattet. Der Bart ist ein dichtes Gewirr grüner Baumflechten. Der Moosmann liebt sein Zuhause, den Zauberwald. Am meisten aber liebt er den klaren Zaubersee, denn er ist ein leidenschaftlicher Schwimmer. Das verwundert dich? Du hast recht, von Natur aus kann ein Moosmann nicht schwimmen wie ein Fisch oder eine Ente. Aber er kann es lernen, sich vom Wasser tragen zu lassen. Vor vielen, vielen Jahren hat der Moosmann sich dem Wasser anvertraut. Es ist so lange her, dass er gar nicht mehr weiß, wer es ihm gezeigt hat. War es der Mond, der sich Nacht für Nacht im Zaubersee spiegelt? War es der graue Reiher mit dem langen Hals oder einer der tausend Wasserläuferkäfer, die im Sommer über den Teich huschen?

Weil das Schwimmen für den Moosmann nicht selbstverständlich ist, ist es für ihn eine besondere Lust. Manchmal schwimmt er munter wie ein Fisch weite Strecken unter Wasser, manchmal paddelt er wie eine Ente nur mit den Beinen oben auf und wieder ein anderes Mal schnellt er wie ein Delphin aus der Tiefe des Wassers hoch in die Luft und taucht wieder ein. In hellen Mondnächten schwimmt er auf dem Rücken liegend, um den Wolken zuzusehen, wenn sie sanft am Mond vorbeigleiten. Bei Regenwetter legt er sich bäuchlings flach auf das Wasser, streckt Arme und Beine seitlich aus und versucht, sich fast gar nicht zu bewegen, um das feine „Plop" zu hören, das jeder Tropfen von sich gibt, wenn er auf das Wasser des Sees trifft. Ja, der Moosmann, der kann schwimmen! Möchtest du auch schwimmen lernen? … dann lass dich vom Hagebuttenmädchen an der Hand nehmen und geh mit zum Moosmann an den Zaubersee.

Eines Tages nimmt das kleine Hagebuttenmädchen all seinen Mut zusammen, geht zum alten Moosmann an den See und sagt: „Lieber Moosmann, ich möchte so gerne schwimmen wie du – aber, ich habe schreckliche Angst vor dem Wasser." „Das ist schon richtig", antwortet der Moosmann. „Du bist kein Fisch, keine Ente und auch kein Wasserläufer. Du bist ein Landkind, so wie ich. Wir Erdverbundenen müssen langsam lernen, dem Wasser zu vertrauen und wir müssen wissen, wo unsere Grenzen sind. Ein Fisch ist Tag und Nacht unter Wasser. Ich kann das nicht, ich brauche viel Luft zum Leben. Die Ente schwimmt mühelos stundenlang. Ich muss an Land, um mich auszuruhen. Komm, ich will dir zeigen, wie du das Schwimmen lernst." Zitternd folgt das Hagebuttenmädchen dem Moosmann an eine Stelle des Sees, an der das Wasser ganz flach ist. Hätte sie kein so großes Vertrauen in seine Schwimmkunst und hätte sie ihn nicht so oft kichern, wohlig grunzen und fröhlich singen hören, wenn er im Wasser lag, sie wäre ganz schnell nach Hause gelaufen. „Gib mir deine Hand", lädt der Moosmann freundlich ein, „wir gehen zusammen Schritt für Schritt ins seichte Wasser und behalten die Füße fest auf dem Grund. Jetzt, wo wir bis zum Bauch im Wasser sind, machen wir Quatsch. Wir tauchen mit unserem Kopf unter Wasser und blasen Luft ins Wasser, dass es ordentlich blubbert." „Nein", schreit das Hagebuttenmädchen ängstlich, „mir wird das Krönlein vom Kopf fallen, meine roten Haare färben ab. Ich kann meinen Kopf nicht unter Wasser tun – das Wasser wird in meine Augen, meine Nase, meinen Mund und meine Ohren laufen!" Statt zu antworten sieht der Moosmann das Hagebuttenmädchen verständnisvoll an. Während er sie weiter fest an der Hand hält, streckt er den eigenen Kopf unter Wasser, sodass das Hagebuttenmädchen nur noch sein grünes Filzhaar sieht, und blubbert lustig drauflos. Dicke Luftblasen steigen auf, tanzen auf der Wasseroberfläche und zerplatzen. Dann tauch er auf, schüttelt kurz sein Gesicht und sieht das Hagebuttenmädchen lachend an. „Nun fass mal in meine Nase, in meine Ohren, in meinen Mund, sieh dir meine Augen an, ob sie voller Wasser sind. Ich hatte sie weit auf. Ist mein Bart weniger grün als zuvor?" Das Hagebuttenmädchen muss zugeben, dass der Moosmann zwar nass ist, aber sonst wie immer aussieht – und offensichtlich hat ihm das Blubbern viel Spaß gemacht. Langsam fasst sie Mut. Erst hält sie nur den Mund ins Wasser und blubbert nach Herzenslust, dann lässt sie die Nase eintauchen. Der Moosmann tut mit. Er lobt das Hagebuttenmädchen und lacht mit ihr. Nach fünf Minuten blubbern beide mit dem ganzen Kopf unter Wasser so laut, dass die Frösche im Schilf vor Schreck aufhörten zu quaken. „Genug für heute", sagt da der Moosmann, „jetzt hast du dem Wasser guten Tag gesagt. Morgen lernen wir mehr. Du kannst stolz auf dich sein!" Tag für Tag kommt nun das Hagebuttenmädchen zum Moosmann. An seiner Seite lernt sie das Wasser Schritt für Schritt besser kennen. Die Schwimmübungen beginnen mit einem Blubbern „guten Tag liebes Wasser, hier bin ich – ich lerne dich jedes Mal besser kennen und dir vertrauen". Bald wirft der Moosmann ein glitzerndes Steinchen ins seichte Wasser. Das Hagebuttenmädchen versucht es vergeblich zu erhaschen, taucht danach und merkt im Eifer nicht, dass sie beide Füße vom Boden löst. Ein anderes Mal hat er einen dicken Baumstamm ins Wasser gerollt. Beide halten sich daran fest und strampeln singend mit den Beinen. Dann zeigt der Moosmann dem Hagebuttenmädchen wie sich ein Frosch auf dem Wasser bewegt, später wie

es die Enten tun. Mehr und mehr lernt das Hagebuttenmädchen das Wasser kennen und ihm vertrauen. Als der
Sommer zu Ende geht, dankt sie dem Moosmann für
seine Geduld, seinen Frohsinn und seine Weisheit mit
einer wunderschönen roten Hagebuttenkette. Die trägt
der Moosmann über seinem dichten grünen Bart, denn
er ist eitel.

Der Moosmann und das Hagebuttenmädchen – Der Angst vor dem Wasser durch geduldiges Lernen begegnen

Thema des Märchens ist, wie man sich mit dem Wasser
anfreundet. Es geht um Vertrauen. Wer sorglos ist oder
glaubt, Vertrauen sei das Erste, was man beim Schwim-
menlernen braucht, irrt. Wasser ist uns so fremd, da wir
keine Enten oder Fische sind, dass wir ihm zu Recht
gründlich misstrauen, ja manche Menschen fürchten es
geradezu. Vertrauen entsteht aus Erfahrung. Je mehr
Übung und Geschicklichkeit wir entwickeln, umso
selbstverständlicher wird uns das Wasser. Am Ende
steht die Gewissheit, dass das Wasser uns trägt und ver-
lässlich ist.

Das Kamikado

Als der Hase Max sich eines Morgens früh noch ganz verschlafen die Augen reibt, saust Fiffi, die Maus, an ihm vorbei und schreit: „Lauf Max, lauf, das Kamikado kommt – es wird uns alle fressen!" Hinter ihr rennen, so schnell sie auf ihren kurzen Beinen können, alle Mauskinder. „Kamikado will uns fressen, Kamikado will uns fressen, Kamikado will uns fressen", quieken sie schrill.

So schnell ist Max schon lange nicht mehr auf seinen vier Pfoten gewesen! Er hoppelt eilends hinter den Mäusen her, wobei es ihn zum ersten Mal in seinem Leben entsetzlich stört, dass er nicht geradeaus laufen kann wie die anderen Tiere, sondern immer Haken schlagen muss. Beim Hoppeln schreit er so laut er kann rechts und links in den Wald hinein: „Hilfe! Hilfe, lauft, lauft, das Kamikado kommt, es will uns alle fressen!" Er trommelt dabei mit seinen Pfoten wild auf die Erde, dass alle Tiere, die noch in ihren unterirdischen Höhlen und Gängen schlafen, erschreckt die Ohren spitzen, aus ihren Erdlöchern fahren und Max nachjagen. Alle Mäuse, alle Hasen, alle Maulwürfe, alle Kröten, alle Schlangen, alle Käfer, alle Würmer, alle Schnecken, alle Tiere, die in der Erde leben, rennen, jedes so schnell wie es kann, hinter Fiffi und Max her. Sie schreien, quieken, zischen, piepsen, unken: „Hilfe, das Kamikado kommt, es will uns alle fressen!" Von dem ungewohnten Getrappel und Getöse erwachen auch die größeren Tiere des Waldes. Rehmutter Olga leckt hastig ihre Kitzen wach, die Dachsfamilie ist schon auf den Beinen, Luchs, Iltis und Marder sind fast ebenso schnell. Selbst die Igelfamilie, die sonst am Tag schläft, wackelt auf krummen Beinen hinter den anderen her. Der schlaue Fuchs denkt lange nach: „Muss ich mitlaufen, wenn alle Tiere weglaufen? Nein. Aber was ist, wenn ich der einzige bin, der im Wald bleibt? Dann frisst mich das Kamikado zuerst. Also muss ich so schnell laufen, dass ich die Tiere überhole und vorneweg laufe. Dann hat das Kamikado keinen Hunger mehr bis es zu mir kommt." So saust der Fuchs mit gestreckter Rute an den anderen Tieren vorbei. Auch die Vögel des Waldes sind längst aufgeschreckt. Mit lautem Gekrächze – „fliegt schneller Schwestern und Brüder, noch schneller, noch schneller" – treibt der Eichelhäher die Schar der Meisen, Finken, Spechte, Drosseln und Spatzen an, selbst der Uhu und das Käuzchen fliegen schlaftrunken mit den anderen. Nur die weise Eule sitzt noch in der morschen Eiche und spricht mit sich selbst: „Ich habe noch nie etwas von einem Kamikado gehört. Das ist aber kein Beweis, dass es kein Kamikado gibt. Schließlich habe ich in meinem langen Leben immer etwas Neues dazu gelernt. So bin ich weise geworden. Also ist es klug, mit den anderen zu fliegen." Sie erhebt sich schwerfällig und fliegt mit. Alle Tiere des Waldes, die unter der Erde, die auf der Erde und die über der Erde wohnen, ja selbst die allerkleinsten Mücken sind auf der Flucht. Ein lautes: „Hilfe, Hilfe, eilt, eilt, das Kamikado will uns alle fressen" dröhnt mit tausend Stimmen durch den Wald.

Max, der kaum noch hoppeln kann, stoppt den vorbeieilenden Fuchs und fragt: „Schlauer Fuchs, wie sieht das Kamikado denn eigentlich aus?" „Es ist viel größer als ich, viel schneller als ich und hat fünfmal so scharfe Zähne wie ich", bellt der Fuchs und ist schon weiter. Max, der als Hase den Fuchs fürchtet, weiß, was das bedeutet. Die müden Pfoten spürt er kaum noch, er rennt. „Weise Eule", krächzt der Eichelhäher, dem die Stimme vom lauten Schreien ganz heiser ist, „sag mir doch, wie gefährlich das Kamikado ist, damit ich es den anderen Tieren verkünden kann, dass sie nicht müde werden im Laufen." „Das Kamikado ist unermesslich gefährlich. Ich habe schon immer gesagt, einmal wird es kommen, das ist gewiss", antwortet die Eule. Mit frischer Kraft schreit der Häher hinunter auf die fliehende Tierschar: „Das Kamikado ist unermesslich gefährlich, das Kamikado wird kommen, lauft, lauft, lauft!" Max und alle anderen Tiere eilen, jeder so gut er noch kann. Als Max eine Sekunde anhält, um sich den Schweiß aus den Augen zu wischen, sieht er plötzlich den starken Hirsch vor sich auf einem Hügel stehen. Er hat seinen glänzenden Kopf mit dem prächtigen Geweih den laufenden Tieren zugewandt. Seine Augen sprühen, als er verkündet: „Ich bin der König aller Waldtiere. Ich bin groß, stark, mutig und erfahren. Soll das Kamikado doch kommen. Ich werde es besiegen. Auf diesem Hügel bleibe ich stehen und erwarte es. Auge in Auge werde ich ihm meine Kraft zeigen, mein mächtiges Geweih." Kaum haben die Wildschweine die Rede des Königs gehört, stellen sie sich in einer Reihe vor ihm auf, strecken ihre Rüssel den Laufenden entgegen, recken die Hauer mächtig in die Luft und grunzen: „Wir sind stark, soll das Kamikado doch kommen! Wir warten hier, bis es Auge in Auge unsere Kraft spürt, unsere starken Hauer!" Der Mut der Wildschweine überzeugt die Schlangen. Sie ringeln sich hinter die Wildschweine, stecken ihre glatten Köpfe über deren Hauer und zischen: „Wir sind listig. Wir warten hier. Soll das Kamikado nur kommen. Wir hören es schon von weitem, blicken ihm geradeaus ins Auge und es erstarrt vor unserer Kraft." Dem Beispiel der Schlangen folgen die Bussarde, die Habichte und die Falken. Sie drehen sich mitten im Flug um, kreisen über dem Hügel, auf dem der König der Waldtiere majestätisch steht und stoßen in schrillen Schreien aus: „Wir sind die Herrscher der Lüfte. Wir kreisen hier bis das Kamikado kommt. Unser klares Auge sieht das Kamikado von Ferne. Wir stürzen mit scharfen Krallen auf das Kamikado hinunter. Soll es nur unsere Kraft spüren!" Nach und nach besinnen sich immer mehr Tiere ihrer eigenen Fähigkeiten. Sie halten inne, drehen sich um und reihen sich hinter den anderen auf. Jedes Tier sagt laut, was es besonders gut kann und alle rufen: „Soll es nur kommen, das Kamikado. Auge in Auge zeige ich ihm meine Kraft." Max verkündet mit seinen Hasenfreunden stolz vom Vorteil des Hakenschlagens. Selbst der schlaue Fuchs ist stehen geblieben. „Wenn ich mich jetzt umdrehe und hinter die anderen Tiere lege, ist das Kamikado satt bis es mich findet, wenn es denn doch kommt. Wie überaus listig bin ich doch." Nur die alte Eule bleibt bei ihrer Weisheit: „Einmal wird es kommen." Sie fliegt weiter und weiter.

So stehen die Tiere des Waldes einen Tag, eine Nacht und noch einen Tag und erzählen sich immer wieder von ihrer Kraft, ihrer List, ihrer Schlauheit und ihrem Mut. Dann gehen sie gestärkt nach Hause. Das Kamikado haben sie ganz vergessen. Glaubst du, das Kamikado kommt doch noch?

Das Kamikado – Angst ist eine Kraft, die zur Flucht ebenso wie zum Angriff dienen kann

Angst ist ansteckend: Wer vor seiner Angst davonläuft, vergrößert sie. Angst macht blind, dumm und stur. Ein Gerücht kann sie auslösen. Gerüchte werden durch Weitererzählen bedrohlicher und überzeugender. Sie stecken an. Nicht einmal listige und weise Tiere wie Fuchs und Eule sind gefeit.

Angst macht Beine. Sie befähigt die Tiere, so schnell zu fliehen, wie sie es ohne Angst nicht könnten. Angst ist Überlebenskraft, Kraft zur Flucht, aber auch Widerstandskraft.

Stell dich deiner Angst wie der Hirsch, der Held des Märchens, es tut. Das ist der erste Schritt in deiner Auseinandersetzung mit der Angst. Trau deinen Sinnen und deinem Verstand. Erwarte das Kamikado und frage dich: Wie sieht das Kamikado aus? Wie groß ist es? Wie schnell läuft es? Was frisst es? Welche Zähne hat es? Kann es klettern? Kann es fliegen? Hat es Angst?

Flugs, die Schwalbe

Flugs sitzt auf dem Zaunpfahl. Die Sonne wärmt ihr Gefieder. Sie ist eine Schwalbe aus bestem Hause. Ihre Eltern bewohnen eine geräumige Villa unter dem Giebel eines Fachwerkhauses am Fluss. Sie haben Flugs alles gelehrt, was eine Schwalbe zum Leben benötigt. „Hüte dich vor der Katze und meide den Erdboden", war eine ihrer Lehren. Gestern hat Flugs ihr Elternhaus endgültig verlassen. Sie ist sieben Wochen alt und genießt die gerade gewonnene Freiheit. „Mit sieben fängt das Leben an", versucht sie das Lied ihrer Freundin, der Amsel Linda nachzusingen, aber es gelingt ihr nicht. Aus ihrem Schnabel kommt das übliche Gezwitscher. Das kümmert sie jedoch nicht. Sie träumt von einer großen Schwalbenzukunft mit vielen fetten Brummfliegen.

Beinahe hätte ihr Leben jäh geendet. Während sie zwitschert und träumt, naht die Gefahr. Ein Iltis schleicht durchs Gras, klimmt mit lautlosen Pfoten den Zaunpfahl hinauf, auf dem sie hockt. Er setzt, seiner Beute gewiss, zum Sprung an. In diesem Moment hört Flugs in ihrem Rücken ein Fauchen und lässt sich geistesgegenwärtig blitzschnell fallen. Dem räuberischen Iltis bleiben einige Federn in seinen Fängen.

Der Gefahr entkommen versucht Flugs den Schrecken aus dem Gefieder zu schütteln. Doch das Gefieder bleibt gesträubt. Der Schreck sitzt tief darin. In ihrer Not flieht Flugs zu ihrer Freundin Linda. „Wie siehst du aus – du blutest, dein Gefieder ist zerrupft. Was ist passiert?", fragt die Amsel. Flugs berichtet getreulich, wie ihr der Schrecken ins Gefieder fuhr. „Das war keine Katze", erklärt Linda, „Katzen fauchen nicht beim Jagen. Ich kenne sie gut. Wenn ich aus den Augenwinkeln beobachte, wie sich eine Katze anschleicht, steigen in mir die schlimmsten Schimpfworte hoch. Ich beginne zu zetern, dass der Katze Hören und Sehen vergehen. Meine Schimpfworte sind so unanständig, dass ich erröte, wenn ich sie laut sage. Deshalb flüstere ich sie dir ins Ohr. Wenn du möchtest, helfe ich dir herauszufinden, wer der Täter war." „Nein, ich will es nicht wissen. Ich könnte den Anblick nicht ertragen", erwidert Flugs. „Es ist gerade die Zeit meines Abendliedes. Bleib neben mir sitzen. Ich will dich auf andere Gedanken bringen", bietet die Amsel an. Linda singt ihr Abendlied und als Dreingabe ihr Lieblingslied „Mit sieben fängt das Leben an". Nach dem letzten Triller sieht sie, dass Flugs ruhiger atmet und dass ihr Gefieder geglättet ist. „Es hat mir gut getan, dir mein Herz auszuschütten und dir zu lauschen", spricht Flugs. „Das schreckliche Fauchen, das mir die ganze Zeit in den Ohren klang, ist nicht mehr da. Deine Töne haben es ausgelöscht. Doch der Schrecken sitzt mir noch tief im Gefieder."

Den nächsten Morgen verbringt Flugs unter den alten Schwalben auf der Telegrafenleitung, die ihr raten: „Lass dir Zeit. Wenn deine Federn nachgewachsen sind, ist auch der Kummer vergessen." Von nun an beobachtet Flugs hoffnungsvoll das Wachsen ihrer Federn. Es wird ihr von Tag zu Tag wohler. Beim genauen Hinfühlen sitzt der Schreck aber nach wie vor im Gefieder. „Da hilft nur Abstand", sagt Linda. „Du brauchst Luftveränderung", ergänzen die Alten auf der Telegrafenleitung. „Flieg in den Süden."

Tage und Nächte ist Flugs unterwegs. Sie lässt sich vom Wind tragen und hat dann wieder gegen ihn zu kämpfen, bis sie das Meer und die Wüste überquert hat und in einem fremden Land in einen großen Wald kommt. Während der Reise war der Schreck vergessen. Jetzt ist er, kleiner, wieder da. Am Waldrand trifft sie das Faultier am Ast einer Schirmakazie hängend. „Ist dir schon einmal der Schreck ins Gefieder gefahren?", fragt Flugs das Faultier Schlurf. „Gefieder?", erwidert das Faultier, „da muss ich lachen, obwohl ich eigentlich zu faul dazu bin. So etwas Komisches habe ich noch nie gehört. Ho, ho, ho, ho. Du möchtest wissen, ob mir schon einmal der Schreck ins Fell gefahren ist. Das ist bei mir nicht möglich. Ein Schreck, der zu mir kommt, merkt, dass ich zu faul bin zum Erschrecken und geht wieder." „Hast du keine Feinde?", fragt Flugs. „Doch, den Harpienvogel, der beständig über den Bäumen kreist und nach mir sucht. Deshalb habe ich mir abgewöhnt, mich zu bewegen. Er sieht mich und meint, ich bin ein Teil vom Baum." Flugs verabschiedet sich. Das nächste Tier, dem Flugs im Wald begegnet, ist die Brillenschlange Smaragdauge. „Welches ist dein Geheimnis?", fragt Flugs, „du bist so zierlich und dennoch gefürchtet." „Meine Brille", erwidert die Schlange, „sie vergrößert und verkleinert zugleich. Den Tieren, die mich durch die Brille beobachten, erscheine ich riesig. Das macht ihnen Angst und lähmt sie. Ich aber sehe die Tiere durch die Brille verkleinert. Das gibt mir Mut und befähigt mich, weit größere Gegner zu besiegen." „Ist dir schon einmal der Schreck unters Fell gefahren?", fragt Flugs. „Du meinst unter die Haut", entgegnet die Schlange. „Du musst wissen, ich habe sieben Häute. Jedes Mal, wenn etwas unter meine äußerste Haut dringt, lasse ich sie zurück. Nichts bleibt lange an mir hängen." – „Den Mut von Smaragdauge brauche ich", sagt sich Flugs, und spürt wohlige Wärme dort, wo vor kurzem noch der Schreck saß. Zum Abschied schenkt die Schlange Flugs ihre Zweitbrille.

Das dritte Tier, dem Flugs begegnet, ist Honigmund, der Kragenbär. „Ist dir auch schon einmal der Schreck unter die Haut gefahren?", fragt Flugs. „Das kommt bei einem Bären nicht vor", antwortet Honigmund, „mein Fell ist so dick, dass nichts durchdringt. Wenn sich ein Hornissenschwarm in meinen Bärenpelz setzt, schüttele ich mich kräftig. Dann gehe ich in meine Bärenhöhle und lasse mir von meiner ganzen Kragenbärfamilie das Fell kraulen. Dabei brummen wir, dass es eine Freude ist." – „Wie schön ist es, unter meinesgleichen zu sein", denkt Flugs, während sie dem Bären zuhört. Sie fliegt den langen Weg zurück nach Hause, so schnell die Flügel sie tragen.

„Hilf mir, den Räuber finden", bittet sie ihre Freundin Linda. – „Ich bin in der Zwischenzeit nicht untätig gewesen. Ich kenne den Täter und weiß, wo er wohnt", sagt die Amsel und fliegt gemeinsam mit Flugs zur

Höhle des Iltis. In sicherem Abstand baut sich Flugs vor dem Höhleneingang auf und beginnt zu zetern. „Iltis, du feige Ratte, komm raus!" Dabei gebraucht sie alle die schrecklichen Schimpfworte, die sie von ihrer Freundin Linda gelernt hat, bis der vom Lärm geweckte Iltis schon eingeschüchtert am Höhleneingang erscheint. Flugs betrachtet den Iltis durch die Zweitbrille der Schlange: „Wie klein er ist", wundert sie sich, „und wie langsam er sich bewegt. Man könnte meinen, er sei ein Faultier. Vor so einem habe ich Angst gehabt. Da muss ich ja lachen." – „Sieh dir mein Federkleid an", sagt sie, „es ist längst nicht mehr das alte, das du verkratzt hast." Flugs fühlt aufmerksam in ihr Gefieder und findet nirgends mehr die Spur eines Schreckens. „Ob sich nochmals ein Schreck an mich heranwagt?", fragt sie sich. Dann schüttelt sie ihr Gefieder als wäre es ein dickes Bärenfell. Von nun an genießt Flugs ihr Schwalbenleben, fliegt morgens mit den Jungen um die Wette, sitzt abends bei den Alten auf dem Telegrafendraht und träumt nachts von dicken Brummfliegen. Ihre Kinder wird sie einmal lehren: „Hüte dich vor Katze und Iltis und meide den Erdboden."

Flugs, die Schwalbe – Die Angst durch Lernen am Modell entmachten

Lernen ist Lernen vom Modell, von Vorbildern. Hauptmodell für Kinder sind ihre Eltern. Eltern, die ihre Vorbildfunktion ernst nehmen, sind für ihre Kinder gegenwärtig. Ihre Aufgabe als Modell ist es, selber ein gesundes Verhältnis zu ihren Ängsten zu entwickeln. Kindern, die bei nur einem Elternteil leben, fehlt das gegengeschlechtliche Vorbild, etwa die forschere oder aber die behutsamere Art des abwesenden Elternteils. Je älter Kinder werden, umso mehr andere Modelle brauchen sie. Häufige Besuchskontakte steuern dem Mangel nur teilweise entgegen.

Das Märchen schildert mehrere Strategien, die sich bei Angst einsetzen lassen. Welche Vielfalt an Modellen es gibt, veranschaulicht das Märchen.

Die Beschimpfung: Schon in einer der ältesten germanischen Dichtungen, dem Hildebrandslied, wird geschildert, wie die Helden sich für den bevorstehenden Kampf Mut machen, indem sie den Gegner beschimpfen. Rufen oder Singen im Dunklen und selbstbestätigende, laute Reden haben denselben Effekt. Mut oder Wut übertönen bei dieser Technik die Angst.

Die Brillenschlangentechnik: Man kann sich große Bilder von einer Gefahr machen oder kleine. Man kann sich die Gefahr aus der Nähe betrachten, aus gemessenem Abstand oder von einem fernen Ort aus, jenseits des Meeres. Entsprechend gewinnt oder verliert die Gefahr an Intensität. Kindern helfen bildliche Vorstellungen, wie sie im Märchen verwandt werden. Statt der Zweitbrille der Brillenschlange lässt sich auch ein Zoom verwenden, der die Bilder heranholt oder entfernt.

Die Haut- und Felltechniken: Man kann sich ein dickes Fell zulegen wie ein Faultier, sich häuten wie eine Schlange oder sich schütteln wie ein Bär. Da Angst am intensivsten körperlich erlebt wird, sollte man sich wirklich schütteln, wirklich häuten und wirklich träge werden wie ein Faultier.

Einen Helfer finden: Kinder, die einen Helfer, ob Tier oder Mensch, in ihrer Phantasie zum Begleiter wählen, haben an der Kraft und dem Mut und anderen Fähigkeiten ihres Helfers teil. Wie wäre es mit einer Brillenschlange?

Die Zuwendung: Der Gesang der Amsel, das Fellkraulen und Brummen der Bärenfamilie sind Formen der sinnlichen Zuwendung, die die Angst überlagern.

Die Nacht

Den Tag über hat die Nacht am Rande des Waldes auf einer Wiese geruht. Jetzt ist sie bereit für ihr Nachtwerk. Während sich die Sonne dem Horizont zuneigt, beginnt sie wie jeden Abend die Lichtstrahlen einzufangen, zuerst am Nordhang, dann in der Tiefe des Tales. Die meisten Lichtstrahlen lassen es gutwillig geschehen. Einige versuchen, auf die Berge zu entkommen. Sie sind schneller als der Schall. Doch der Nacht entkommt keiner der quirligen Gesellen. Sie lässt ihre Schleier aus dem Tal aufsteigen und von oben herabsinken. Wie in Netzen verfängt sich das Licht. Ist alles Tageslicht eingesammelt, trägt die Nacht es zur anderen Seite der Erde, wo es jetzt gebraucht wird, und gibt es frei. Dann kehrt sie zum Waldrand zurück. Sie entzündet das eigene Licht, warm und milchig sanft. Es steigt vor ihren Augen zum Himmel, lässt Mond und Sterne erstrahlen und wird von dort zur Erde zurückgeworfen, damit es die Nachttiere weckt, die Glühwürmchen entfacht und den Bäumen ihre nächtliche Gestalt gibt.

Die Nacht stimmt sich ein. Die Tagvögel singen noch einmal laut auf, ehe ein Häher ihnen krächzend Ruhe gebietet. Die Blumen auf der Wiese schließen ihre Kelche mit einem Blopp, dann ist Stille. Nur der Bach, der sich noch nie um Tag oder Nacht gekümmert hat, plätschert gleichförmig fort.

Zwei Freunde, Heinrich und Wilhelm, sind über die Wiese gekommen und kauern am Waldrand. Hier wollen sie bis Mitternacht ausharren. Sie haben gewettet. Wer vor Angst zittert, wimmert oder davon läuft, ist ein Feigling und darf für den Rest seines Lebens öffentlich „Waschlappen" genannt werden. Anfangs prahlen beide. Heinrich erzählt die schaurige Geschichte von den zwölf schwarzen Rittern mit dem Kopf unterm Arm. Wilhelm hält dagegen mit einer Geschichte von zwölf kopflosen weißen Nonnen. Sie berichten von Kellertreppen, die ohne äußeren Anlass knarren, von Brunnenschächten, aus denen kein Schall nach oben dringt, von Wölfen und Wilderern. Dann gehen ihnen die Erzählungen aus. Je länger sie hocken und je kühler es wird, umso kleiner wird der Mut. Aus den Weiden am Bachufer sind bedrohliche Gespenster mit zerzausten Haaren geworden, die jedes Mal, wenn die Jungen wegschauen, ein Stück näher heranschleichen. Heinrich und Wilhelm klappern die Zähne, vor Kälte, vor Furcht oder vor beidem. „Am liebsten wäre ich unsichtbar", sagt Heinrich. „Du bist unsichtbar", macht sich da eine wohlklingende Frauenstimme vernehmbar. Es ist die Stimme der Nacht. Sie hat den Geschichten der Jungen seit geraumer Zeit gelauscht und lächelnd bemerkt, wie den Helden der Mut schwand. Um die Jungen vor dem Schlimmsten zu bewahren, einem Leben als „Waschlappen", ist sie zu ihnen getreten. Sie hat die Wolken beiseite geschoben, damit die Jungen sie besser sehen können, ihr blauschwarzes Haar, ihr aus Nebelschwaden mit Goldfäden gewirktes Gewand und ihr silberhell im Mondlicht sich spiegelndes Gesicht. „Kommt, ich zeige euch mein Reich." Die Nacht nimmt die Freunde bei der Hand. Sie beginnen zu schweben, zuerst zu den Weiden, die wieder in Reih und Glied stehen, die Äste wohlgeordnet, die Wurzeln tief in der Erde. „Meine Weiden sind lustige Gesellen, die abends allerlei Phantastisches mit ihren Schatten spielen. Leider treiben sie es manchmal zu arg und versuchen sich fortzubewegen, als wären sie Tiere, besonders bei Vollmond wie heute. Ich schicke ihnen dann die Windstille und verdunkele den Mond. Das beruhigt sie. Im Grunde ihres Herzens sind Weiden friedfertig wie alle Bäume. Sie können nicht einmal mit den Ästen knacken. Heute Nacht ist Konzert. Die Grillen zirpen, ihr könnt sie mit bloßen Menschenohren hören. Später erklingen die Blumen, sie läuten mit ihren Glocken und singen mit den Blättern. Dazu bedarf es feiner Nachtohren." – „Bitte schenk uns Nachtohren", rufen die Freunde wie aus einem Munde. „Solange ich bei euch bin, habt ihr Nachtohren", antwortet die Nacht. In diesem Augenblick ist alles erfüllt von Singen und Klirren, von Pfeifen und Läuten. Von oben, von unten, von überall tönt es. Am wohligsten unter all dem Getön ist ein tiefes nicht endendes Hallen wie fernes Echo. „Das ist die Ruhe", erläutert die Nacht, „mein Lieblingsklang, ich nenne ihn die Nachtruhe. Bei diesem Ton wird selbst die rastlose Zeit träge und dehnt sich wohlig. Jetzt haben wir genug Ruhe. Wir wollen noch zu den Wildschweinen. Die feiern am liebsten Geburtstag, weil sie sich dann so dreckig machen und so laut schmatzen dürfen, wie sie wollen, ohne dass ich sie

schimpfe. Leider sind es im Laufe der Zeit so viele Wildschweine geworden, dass ich ihre Geburtstage vergessen
habe. Seitdem behaupten sie jede Nacht von sich, dass
sie heute Geburtstag haben. Am schönsten ist das Wild-
schweinleben nach einem tüchtigen Regen. Dann
suhlen sie sich und grunzen bis in den Tag hinein."
„Jede Nacht Geburtstag, jede Nacht eine Schlamm-
schlacht, wie gut hat es ein Wildschwein. Dürfen wir
heute Nacht mit den Wildschweinen spielen?", fragt
Wilhelm hoffnungsvoll. „Nein, ihr habt keinen Geburtstag und seid keine Wildschweine, was sollen eure
Eltern sagen, wenn ich euch über und über verdreckt zu
ihnen zurückbringe? Bei den Wildschweinen hättet ihr
wenig Freude. Die mögen keine Gäste, am wenigsten
Menschen. Sie fürchten, man wolle sie aus den schönsten Schlammlöchern vertreiben, und werden wild-
schweinwild. Zusehen dürft ihr, das ist fast so schön wie
mitfeiern."

Unbemerkt von einem Hochsitz aus bewundern die
Jungen das wildschweinische Treiben. Sie können sich
nicht satt sehen. Da mahnt die Nacht zum Aufbruch.
„Ich möchte euch noch mehr von meinem Reich zeigen,
besonders meinen Lieblingsort, die Waage der Zeit.
Dorthin fliegen wir jetzt."

Tief im Walde, da wo die Jungen noch nie waren, sind
zwei Wasserwaagschalen, eine nahezu volle über eine
nahezu leere so geneigt, dass das Wasser tropfenweise
nach unten fällt. Jeder Tropfen hat seinen besonderen
Klang. Erst wenn dieser verhallt ist, fällt der nächste
Tropfen. „Hier tropft die Zeit. Bald ist Zeitenwende",
sagt die Nacht. „Wir wollen zusehen, bis sich die obere

Schale geleert hat." Die Jungen kauern sich ins Moos, diesmal zittern sie vor Aufregung, während die letzten Tropfen verrinnen. Das Gesicht der Nacht wirkt angespannt. Einen Moment setzt die Zeit aus. Stille herrscht. Dann neigt sich die gefüllte Schale der leeren zu. Die Tropfen fallen wieder. Die Nacht lächelt. „Wollt ihr noch erleben, wie Fuchs und Hase sich Gute Nacht sagen, ehe ich euch nach Hause bringe?"

Ob sich Fuchs und Hase wirklich Gute Nacht sagen, konnten weder Heinrich noch Wilhelm am nächsten Tag erinnern. Sie fanden sich morgens jeder in seinem Bett, ausgeschlafen und fröhlich. Anfangs glaubten sie geträumt zu haben, hätten sie nicht beide einen mit Goldfäden durchwirkten Schleier auf ihrer Bettdecke gefunden, wie sie die Nacht zum Einfangen der Lichtstrahlen benutzt. Wunderlich waren auch die dreckigen Hände und Füße, die nach Wald und Wildschweingeburtstag rochen. Am meisten wunderte sie, dass die Angst vor Dunkelheit und Weidengespenstern wie weggeblasen war.

Die Nacht – Umgang mit der Angst vor der Dunkelheit

Die Angst vor der Dunkelheit ist uns angeboren. Würden wir uns noch zu den Tieren rechnen, wären wir Tagtiere. Uns fehlt die Nachtausstattung. Tagtiere sind nachts hilflos. Deshalb verkriechen sie sich. Unsere Nachtangst ist ein entwicklungsgeschichtliches Relikt.

Die Erkenntnis, dass wir unserer Tiernatur entwachsen sind und dass die Angst vor der Nacht weitgehend ihren Sinn verloren hat, genügt nicht, uns von ihr zu befreien. Die Nacht bleibt uns unheimlich. Das Auge, mit dem wir uns tagsüber orientieren, wird unzuverlässig. Zum Ausgleich werden die Ohren hellhörig, der Geruchssinn schärft sich. Das verfremdet unsere Wahrnehmung und regt die Phantasie an. Innere Bilder ergänzen die äußere Welt. Die Phantasien bei Dunkelheit sind angstbesetzt, weil wir gelernt haben, das Licht mit dem Guten und das Dunkel mit dem Bösen zu verbinden. Aus Weiden werden dabei Kobolde und Bösewichte, gelenkt von den Mächten der Finsternis. Die Dunkelheit scheint des Menschen Feind. Um sie zum Freund zu gewinnen, ist es wichtig sie kennen zu lernen, die Tiefe des Sternenhimmels zu betrachten, sich in seine Geheimnisse zu versenken, den Geräuschen der Nacht nachzulauschen, den Nachtwind auf der Haut zu spüren und die Ruhe zu genießen. Mutproben schüren Angst vor der Dunkelheit eher, als dass sie sie dämpfen. Dagegen helfen Nachtwanderungen, Tierbeobachtungen und nächtliche Geländespiele, den Reiz und die Vielfalt der Nacht zu entdecken. Das Märchen wendet sich gegen den Mythos, die Nacht sei böse. Eine schöne und weise Frau kommt dem Wesen der Nacht näher. Sie ist ein guter Geist, der uns vor unseren Urängsten schützt.

Der Tausendundvier-Sassa

In Käferhausen wohnen viele Käferfamilien, die eine oder andere Spinnenfamilie und nur eine Tausendfüßlerfamilie, Frau Tausendsassa und ihre vier Kinder. Da Frau Tausendsassa eine tüchtige Frau ist, trägt sie ihren Namen zu Recht. Sie ist gelernte Knopfannäherin, kann aber inzwischen vieles mehr. Bei den Käfern ist sie beliebt, weil sie das tägliche Geschirr im Hui abwäscht und währenddessen mit zwanzig Putzlumpen und zehn Staubtüchern gleichzeitig die Wohnung auf Vordermann bringt. Neuerdings wird sie besonders von den vornehmeren Käfern mit der Körperpflege beauftragt. Sie wienert Panzer, stutzt Fühler, schneidet Zehennägel und reinigt die Rillen der Panzerplatten. Da die Tausendfüßlerkinder das mütterliche Geschick geerbt haben und in den gleichen Künsten angeleitet wurden, sind auch sie wahre Tausendsassas. Jedenfalls die drei Ältesten Tausendundeins-, Tausendundzwei- und Tausendunddrei-Sassa, sind Freude für ihre Mutter. Tausendundeins-Sassa tritt ins mütterliche Geschäft ein. Ihre erste Tat ist ein großes Schild: „Körperpflege für Käfer und Spinnen. Tausendsassa und Partner." Bald ist Tausendundeins-Sassa bei den Spinnen so beliebt, wie es die Mutter bei den Käfern ist.

Tausendundzwei-Sassa, die zierlichste unter den Tausendfüßlerkindern, zieht es in die Stadt. Sie wird Tänzerin. Das verwirrende Spiel ihrer tausend tanzenden Beine und das Funkeln des Lichtes auf den Edelsteinen und Ringen, mit denen sie sich schmückt, begeistern allabendlich das Publikum. Tausendunddrei-Sassa wird als Fußballstar eine Berühmtheit. Jeder im Land kennt ihn.

Nur Tausendundvier-Sassa bereitet der Mutter Kummer. Das beginnt schon am ersten Schultag. Käfer und Spinnen sitzen mühelos ruhig auf ihrem Blatt und hören auf die Worte des alten Lehrers Hirschkäfer. Tausendundvier-Sassa bemüht sich, es ihnen nachzutun. Einmal gelingt es ihm, 723 Beine gleichzeitig ruhig zu halten. Statt ihn zu loben, spotten seine Mitschüler: „Stillsitzen können selbst die Kartoffelkäfer." Denn Tausendundvier-Sassa rutscht während des Unterrichtes mehrfach vom Blatt.

Die nächste peinliche Situation ereignet sich im Zählunterricht. Die Käfer enden, weil sie nicht anders können, bei der Zahl sechs, die Spinnen bringen es bis zu acht, nur Tausendundvier-Sassa zählt und zählt bis ihn der alte Hirschkäfer unwillig unterbricht, da in einer ordentlichen Käferschule nicht weiter als bis acht gezählt wird. Tausendundvier-Sassa ist die Freude an der Schule verdorben. Niemand mag ihn. „Mach dich bei deinen Mitschülern beliebt", rät die Mutter, „nähe ihnen Knöpfe an oder poliere ihnen den Panzer." Mit diesem Rat ist Tausendundvier-Sassa wenig geholfen, da er feststellt, dass polierte Panzer in der Schule gerade außer Mode sind und dass alle Käfer ihren Panzer nicht zuknöpfen, sondern Klettverschlüsse tragen. Als Tausendundzwei-Sassa das nächste Mal zu Besuch nach Käferhausen kommt, klagt die Mutter ihr Leid über den kleinen Bruder. „Lass mich mal machen", sagt Tausendundzwei-Sassa und bringt ihren kleinen Bruder zur Schule. Dort bewundern alle die Tänzerin. Ein wenig färbt die Bewunderung auf Tausendundvier-Sassa ab. Die Mitschüler sehen ihn vorübergehend mit anderen Augen. Doch bald verspotten sie ihn wieder. – In ihrer Not ruft die Mutter Tausendunddrei-Sassa. Der kommt vom Fußballtraining im Trikot der Erfolgsmannschaft in die Schule. Die Käfer umzingeln ihn. Doch er nimmt keine Notiz von ihnen sondern holt nur seinen Bruder ab, um mit ihm, wie er durchsickern lässt, ein wenig Fußball zu spielen. Tausendundvier-Sassa stellt sich beim Fußballspiel geschickt an. Schon am ersten Tag lernt er gleichzeitig sieben Bälle stoppen und rechts wie links zu schießen. Bald trippelt er, ohne dass der Ball zu sehen ist. Der Bruder zeigt ihm, wie man schlenzt, spitzelt, antäuscht und butterweich flankt. Er tanzt mit Ball so elegant wie seine Schwester ohne. Nach einer Woche ruft den Bruder die Pflicht zurück zu seinem Verein. Er hinterlässt Tausendundvier-Sassa das Trikot mit der berühmten Rückennummer 1003 und seine Fußballstiefel.

Jetzt ist Tausendundvier-Sassa in der Schule ein anderer. Die Käfer sind vom Fußballfieber angesteckt. Ein Turnier wird veranstaltet. „Käferhausen gegen Spinnenhausen" lautet die Paarung. Tausendundvier-Sassa ist als Mittelstürmer aufgestellt. Als das Spiel beginnt, sind die Spinnen vollzählig – die Käfermannschaft ohne Mit-

telstürmer. Frau Tausendsassa, die wie alle Spinnen-
und Käfereltern auf der Zuschauertribüne sitzt, erbleicht. Sie sucht ihren Sohn und findet ihn schließlich
zu Hause. „Die Schuhriemen meiner Fußballstiefel sind
gerissen", erklärt Tausendundvier-Sassa verzweifelt.
„Ich musste mir neue besorgen." Inzwischen haben
mehr als 600 Fußballstiefel neue Schnürbändel. Mit der
Hilfe von Frau Tausendsassa sind alle Stiefel so recht-
zeitig geschnürt, dass Tausendundvier-Sassa zur zweiten Halbzeit im Fußballstadion eintrifft. Die Käfer sind
in verzweifelter Stimmung. Die Spinnen mit ihren langen dünnen Beinen hatten leichtes Spiel. Sie liegen
haushoch in Führung. Jetzt dreht Tausendundvier-Sassa
auf. Im Fußballtrikot seines Bruders wächst ihm all sein
Können zu. Er wirbelt und kämpft und reißt seine Käfermannschaft mit, sodass sie das Spiel am Ende noch
gewinnen. Tausendundvier-Sassa ist der Held des Tages.
„Jetzt wollen wir gegen die Elefanten spielen", begeistern sich die Käfer. Von diesem Tag an ist Tausendundvier-Sassa, wie seine älteren Geschwister, eine Freude
für seine Mutter. Wer glaubt, Tausendundvier-Sassa
wäre ein berühmter Fußballstar geworden, der irrt. Als
der alte Hirschkäfer lange genug die Käferschule gehal-
ten hatte, wurde Tausendundvier-Sassa sein Nachfolger.
Die schlechtesten Schüler sind oft die besten Lehrer, das
hatte schon der alte Hirschkäfer gesagt und dabei an sich
selbst gedacht. Das galt auch für Tausendundvier-Sassa.
Er konnte die Käfer so begeistern, dass einzelne von ihnen bis sieben zählen lernten und die Spinnen so, dass
sie bis zur Elf kamen.

Der Tausendundvier-Sassa – Von der Angst vor dem Versagen zum Selbstbewusstsein

Wer 1000 Beine hat, ist unter Käfern und Spinnen ein Außenseiter. Ein Kind wird unter Seinesgleichen dadurch zum Außenseiter, dass es von der Norm abweicht, dass es besonders zappelig, voreilig, langsam, ungeschickt, klein, dick oder frech ist. In bestimmten Situationen fühlt sich jedes Kind als Außenseiter. Außenseitertum kann zu sozialen Ängsten führen, zu Abwertung und Spott, im Extremfall zum Ausschluss aus einer Altersgruppe.

Oft ist es nur ein kleiner Schritt vom Gefühl, nicht dazuzugehören, zum Bewusstsein, einmalig zu sein. Bei Tausendundviersassa ist es die Entdeckung, dass seine vielen Beine, die ihn im Schulunterricht benachteiligen, beim Fußballspiel ein Vorteil sind. Dennoch gelingt ihm dieser „kleine Schritt" nur mit Hilfe seines großen Bruders, der ihn vom Versager zum Helden macht.

Allgemein stellt sich die Frage, wie Kinder ihre Modelle finden, an denen sie lernen, ihren Selbstwert zu entwickeln und sich von ihren Ängsten zu befreien. Ein Modell auswählen bedeutet nicht, sich mit allen Eigenschaften seines Idols zu identifizieren. Ein fußballbegeisterter Junge, der für Lothar Matthäus schwärmt, erlebt beispielsweise seine Fairness, seine Schnelligkeit und seine Übersicht auf dem Fußballplatz als vorbildlich. Er würde sich distanzieren, wenn er Näheres über das Privatleben seines Idoles wüsste, etwa eine Entgleisung im Straßenverkehr miterlebt hätte. Wenn sich Ihr Kind ein

Vorbild auswählt, um daran zu wachsen, helfen Sie ihm herauszufinden, was es genau modellieren möchte. Veranschaulichen Sie den Prozess des Modelllernens am Beispiel von Tausendundvier-Sassa. Er kopiert nicht den Fußballer, schließlich wird er Lehrer, sondern nur zwei seiner Eigenschaften, das Selbstbewusstsein des Stars, das dem unter Minderwertigkeit leidenden Tausendundvier-Sassa die nötige Sicherheit verschafft, und die Fähigkeit, sich und andere zu motivieren.

Joschus erste Fahrt
auf dem Rio Napo

Joschu ist ein Indianerjunge. Er lebt mit seiner Familie im Urwald an dem großen Fluss Rio Napo. Im Urwald gibt es keine Straßen. Deshalb benutzen die Indianer die Flüsse als Transportwege. Mit ihren schmalen, aus einem einzigen Baumstamm geschnitzten Langbooten holen sie Bananen vom oberen Flusslauf und Kokosnüsse vom unteren in ihr Dorf. Sie paddeln nachts zum Fischfang und legen Reusen aus, um die Flusskrebse einzusammeln. Tags und Nachts befahren die Indianer den Rio Napo. Er ist für sie lebensnotwendig. Joschu weiß das. Solange er sich zurückerinnern kann ist er mit seiner Mutter, seinem Vater und mit anderen Indianern des Dorfes im Einbaum den Rio Napo hinauf und hinunter gefahren. Als er noch nicht laufen konnte, hatte ihn seine Mutter in einem Tuch fest auf den Rücken gebunden, wenn sie mit anderen Indianerfrauen im Boot zu den Bananenbäumen fuhr. Später nahm ihn der Vater mit zum Jagen und Fischen. Als er etwa sechs Jahre alt war, hatte ihm sein Vater zum ersten Mal ein Paddel in die Hand gegeben und ihm gezeigt, wie er den anderen Indianern im Boot mithelfen konnte, wenn sie gegen die Strömung den Rio Napo hinauf fuhren. Joschu erinnert sich genau wie stolz er darauf war, als er vom Paddeln richtige Muskeln bekam und die anderen ihn lobten, dass er ihnen half.

Heute ist Joschus achter Geburtstag. Übermorgen soll er zum ersten Mal alleine einen Einbaum auf dem Rio Napo paddeln. Der Vater, der Onkel und andere Männer aus dem Dorf haben für Joschu aus einem Stamm ein Boot geschnitzt. Joschus Einbaum ist kürzer und leichter als die Langboote, in denen er seither gefahren ist, so wie das für kleine Indianerjungen üblich ist. Joschu ist glücklich, doch zugleich bemerkt er, dass in ihm ein nie gekanntes Gefühl auftaucht. Zu dem Gefühl gehört der Gedanke, den Joschu wieder und wieder denken muss: „Ich habe noch nie etwas ganz alleine gemacht. Immer waren meine Mama, mein Papa oder andere Leute aus dem Dorf dabei, die ich fragen konnte und die mir halfen, wenn ich nicht weiter wusste. Ich muss ganz alleine auf dem Rio Napo fahren, ganz alleine." Je öfter Joschu diesen Gedanken denkt, desto stärker wird das Gefühl. Hat es anfangs noch geholfen, wenn Joschu sich sagt: „Ich kenne jede Stromschnelle und jede Sandbank des Rio Napo, weiß wo die Krokodile liegen und wo die alte Wasserschlange auf Beute lauert", so werden diese Gedanken später machtlos. In Joschu ist nur noch ein Satz: „Ich bin ganz allein, ganz allein." In der nächsten Nacht findet Joschu keinen Schlaf. Er sieht im Traum schreckliche Bilder, Krokodile umlagern ihn fressgierig, sein Einbaum zerschellt an einem spitzen Stein, vom Himmel zucken Blitze. Verzweifelt schleicht Joschu am nächsten Morgen zum alten Indianer Uluk. Uluk ist im Indianerdorf der Einzige, der für Joschu immer Zeit hat, denn er geht nicht mehr zum Jagen und Fischen, sondern sitzt meist vor seiner Hütte, flickt die Netze oder baut neue Krebsreusen aus Binsen. „Uluk", beginnt Joschu, „morgen muss ich zum ersten Mal ganz alleine auf dem Rio Napo fahren. Seitdem ich es weiß, ist in mir etwas drinnen, das ich noch nie gespürt habe und ich habe nur noch einen Gedanken: Ich bin allein, ganz allein. Bitte hilf mir." Uluk sieht Joschu verständnisvoll an. Er beginnt zu fragen: „Wie fühlt sich das an, was du in dir spürst, eher groß oder klein?" „Sehr groß", antwortet Joschu. „Ist es stark oder schwach?" „Es ist sehr stark", sagt Joschu. „Ist es eher träge oder lebendig?" „Es will sofort etwas tun und kann nicht", ist Joschus Antwort. „Aha", erwidert Uluk, „es muss also warten?" „Ja, so ist es", sagt Joschu. „Ich habe noch eine letzte Frage, lieber Joschu", fährt Uluk fort, „ist das, was in dir ist, eher wie ein Sieger oder eher wie ein Verlierer?" „Es hat so viel Macht über mich, dass ich kaum noch etwas anderes spüre", gibt Joschu zur Antwort. „Höre", sagt Uluk „in dir ist etwas sehr Großes, Starkes, Mächtiges, das unbedingt etwas tun will. In dich ist eine große Kraft gefahren. Ihr Name ist ‚Angstkraft'. In jeden Indianer zieht diese Kraft ein, wenn er etwas tun soll, was er noch nie getan hat. Dabei ist es unwichtig, ob er zum ersten Mal mit einem Pfeil auf einen Vogel schießt oder zum ersten Mal alleine einen Einbaum den Rio Napo hinauf rudert. Auch du hast früher schon diese Kraft in dir gespürt. Sie ist dir nur nicht aufgefallen, weil sie noch nie so groß war, deine Eltern, deine Geschwister und wir anderen Indianer waren immer bei dir." „Halt, Uluk, warte", ruft da Joschu. „Ich kann mich erinnern, dasselbe Gefühl schon einmal gespürt zu haben, damals

als meine Mutter wollte, dass ich zum ersten Mal von ihrem Arm herunter ins Wasser des Flusses tauchen sollte. Ich habe furchtbar geschrien und mich an ihr festgeklammert. Sie hat ohne Worte meinen Griff gelöst, mich sanft ins Wasser gleiten lassen. Nur ihre Hand hat sie unter meinen Bauch gelegt." Uluk unterbricht Joschu lächelnd: „Und wie gefällt dir das Wasser heute?" „Du weißt doch, wie gerne ich im Fluss schwimme. Es gibt für mich nichts Schöneres", antwortet Joschu. „Siehst du", fährt Uluk mit seiner Belehrung fort, „auch damals hast du die große Kraft vorher in dir gespürt. Als du dann sicher im Wasser warst, war sie nicht mehr da. Das ist eine Eigenschaft dieser Kraft. Ich will dir noch etwas von ihr erzählen. Es gibt keine zwei Indianer, die sich vollkommen gleichen. Du, Joschu, siehst deinem Vater zwar ähnlich, deine Augenfarbe ist aber die deiner Mutter. Genauso ist es mit der Angstkraft. Die Angstkraft in dir und die Angstkraft in mir sind sich ähnlich und doch verschieden. Sage mir, welches Tier, glaubst du, ist das Stärkste?" – „Der schwarze Panther", ruft Joschu sofort. „Gut, Joschu, wann kannst du seine Kraft am meisten bewundern, wenn er schläft, wenn er frisst oder wenn er zum Sprung ansetzt?", fährt Uluk fort. „Im Augenblick, in dem er zum Sprung ansetzt", war Joschus Antwort. „Was siehst du dann?", will Uluk wissen. „Ich sehe seine Tatzen mit den schwarzen Krallen am Boden. Jeder Muskel ist angespannt. Gleich wird er springen", berichtet Joschu ganz aufgeregt. „Ja, so ist die Angstkraft, die in dich gefahren ist wie eine sprungbereite Tatze des schwarzen Panthers", erklärt Uluk zufrieden, während er langsam aufsteht und in seine Hütte geht. Joschu bleibt sitzen. Ganz deutlich spürt er in sich die große Angstkraft. Er fühlt, wie jeder Muskel seines Körpers sich anspannt: „Ach, wäre es doch schon morgen", ist sein einziger Gedanke. Da kehrt Uluk zu ihm zurück. In einer Hand hält er drei schwarze Pantherkrallen, die er auf eine Lederschnur gefädelt hat. Uluk bindet schweigend die Schnur um Joschus Hals.

Joschus erste Fahrt auf dem Rio Napo – Angst vor dem Unbekannten weicht während der Begegnung mit dem Unbekannten

Große Ereignisse im Leben eines Kindes sind aufregend und sollen es bleiben. Damit sie sich als positives Erleben im Erfahrungsschatz einprägen, ist es hilfreich, das Kind darauf vorzubereiten und auch hinterher mit ihm darüber zu sprechen. Da die Grenze zwischen hoffnungsvoller Erregung und Furcht fließend ist, braucht das Kind Hilfe, anregende Phantasien, die verlocken, eine Erklärung, die Parallelen zwischen dem Neuen und schon Bekannten knüpft, innere Helfer oder Helfertiere, die ihm Kraft geben.

Eltern, die ihr Kind bei der Auswahl eines Helfers oder Helfertieres beraten wollen, stellen meist erstaunt fest, dass ihr Kind längst einen Helfer hat. Wenn nicht, wird es bereitwillig aus den es umgebenden Phantasiegestalten einen Helfer auswählen und mit den Qualitäten versehen, die es gerade braucht. Eltern können dazu beitragen, dem Helfer mehr Lebendigkeit zu verleihen, indem sie sich eine sinnengetreue Beschreibung geben lassen, oder Fähigkeiten suggerieren: „Kann dich dein Bär auch beschützen, wenn es dunkel ist?"

Der Fels der Wahrheit

Im Süden Griechenlands auf dem letzten Finger des Peloponnes hoch über dem Meer steht ein steinalter Olivenbaum. Die Wurzeln sind in die Felsen gekrallt. Man sagt, sie umspannen unterirdisch die ganze Erde. Bei seinem Anblick soll ein Philosoph ins Grübeln versunken sein und beim Auftauchen geäußert haben: „Je mehr ein Mensch seine wahre Gestalt annimmt, umso schöner wird er." Alle sind sich einig, der Olivenbaum wahrt ein Geheimnis. Deshalb kommen viele Menschen zu ihm, bleiben eine Zeitlang unschlüssig stehen, schütteln enttäuscht den Kopf oder murmeln etwas Unverständliches und gehen enttäuscht davon, ohne sich noch einmal nach dem alten Olivenbaum und der sich dahinter ausbreitenden Weite des Meeres umzusehen.

Wenn du den Kopf nicht so hoch trägst und mit den Augen das verzweigte Wurzelwerk des Baumes erforschst, entdeckst du eine Öffnung, kaum größer als ein Astloch. Während du sie neugierig betrachtest, weitet sich die Öffnung zu einem Einschlupf. Ein grünes Männchen tritt dir entgegen, als wolle es dir den Weg versperren. Du schiebst es zur Seite und dringst ins Innere des Wurzelwerkes. Der Gang führt steil nach unten, dunkel und eng, Meter um Meter, bis du nach einer

Biegung einen Lichtschimmer, das Ende des Ganges, erblickst. Du landest in einer unterirdischen Steppenlandschaft. Wegweiser führen zur „Spiegelburg", zum „Lügenprinzen", zur „gläsernen Stadt", zur „Oase der Süßigkeiten" und zum „Faulstrand". Ehe du dich für einen der Wege entschieden hast, erblickst du eine Inschrift auf einem großen runden Felsbrocken. Du gehst hin, um zu lesen. Da rührt sich der Fels und rollt von einer unsichtbaren Kraft gezogen davon. Ohne zu überlegen, folgst du. Den ganzen Tag geht es schnurstracks geradeaus. Manchmal ist der Anstieg so steil oder es geht so rapide bergab, dass du weit hinter dem rollenden Stein zurückbleibst. Doch du verlierst ihn nicht aus den Augen. Am späten Nachmittag kommst du in eine Wüste, Sand nichts als Sand, die Sonne brennt, die Luft spiegelt Trugbilder. Lügenprinzen umgaukeln dich. „Komm mit in meine Spielburg", lockt dich der erste. „Ich zeige dir die gläserne Stadt", verspricht der zweite. „Ich weiß, du hast Hunger und Durst", stellt sich der dritte mitleidig, „es ist nicht mehr weit zur Oase der Süßigkeiten." „Wie müde du bist nach diesem langen Tag, ich weiß, du willst schlafen", redet dir der vierte ein. „Am Strande der Faulheit findest du alles, was du brauchst." Doch der Fels rollt durch die Wüste, hinter sich eine feine Spur im Sand. Die Lügenprinzen und ihre Trugbilder zerrinnen zu Luft, sobald du einen von ihnen erreichst. Und dann stellen sie sich wieder in deinen Weg und zerrinnen abermals. Als die Sonne den Horizont erreicht, bleibt der Fels liegen.

Am nächsten Morgen, kaum steht die Sonne wieder am Himmel, geht die Wanderung weiter, bis zu einem

Meeresstrand. Der Fels rollt geradewegs ins Wasser und ist nach wenigen Sekunden nicht mehr zu sehen. Das Wasser ist kalt, eine Strömung zieht dich hinaus aufs offene Meer, lange sträubst du dich gegen den Sog. Doch es gibt kein Zurück, wenn du den Felsen nicht verlieren willst. Also vertraust du dich dem Wasser an. Bald umgeben dich hohe Wellen, die über dir brechen oder dich nach oben tragen, und Wellen, die dich umherwirbeln, so dass dir schwindelig wird. Dann beruhigt sich das Meer wieder. Pünktlich zum Sonnenuntergang erreichst du das andere Ufer, wo dein Felsen auf dich wartet.

Am dritten Tag rollt dein Felsen wieder los, sobald die Sonne da ist. Heute geht es durch eine Steppenlandschaft, die der vom ersten Tag ähnelt. Doch ist sie sanfter. Den ganzen Tag, bis kurz vor Sonnenuntergang, gibt es kein Abenteuer zu bestehen. Da tut sich eine Schlucht auf; du wirfst ein herumliegendes Steinchen hinein, um ihre Tiefe auszuloten, aber von einem Aufprall ist nichts zu hören. Unterdessen hat dein Felsen zu einem mächtigen Sprung angesetzt und ist auf der anderen Seite der Schlucht gelandet. Du nimmst Anlauf, schneller als du je gelaufen bist, und springst. Da ist es, als ob dich die Kraft ergreift, die den Felsen die vergangenen Tage gerollt hat. Du steigst höher und höher, erreichst die Wolken, aber da ist nur der blaue Himmel. Dann geht es plötzlich mit rasender Geschwindigkeit senkrecht nach unten. Du landest mit einem heftigen Plumps und findest dich wieder am Fuße des Olivenbaumes, weich gebettet zwischen den Wurzeln sitzend, vor dir die blaue Weite des Meeres. Neben dir liegt ein

„rollender Felsen", der zu einem handlichen Stein geschrumpft ist. Endlich kannst du die Worte lesen, die auf ihm geschrieben sind. „Je mehr der Mensch seine wahre Gestalt annimmt, umso schöner wird er." Schön, sagst du und wirfst den Stein so weit du kannst. Je weiter er fliegt, umso größer wird er. Als er ins Meer platscht, ist er wieder der Fels, als den du ihn kennen gelernt hast. Du wartest, bis die Wellen sich geglättet haben. Dann erhebst du dich und gehst davon, erleichtert, stark und beschwingt, wie jemand, der einen Felsen ins Meer geworfen hat.

Der Fels der Wahrheit –
Die Wahrheit sagen erleichtert

Es ist Kindern nicht angeboren, die Wahrheit zu sagen, wenn sie ein schlechtes Gewissen haben. Den meisten geht es wie meiner Schwester, die im Alter von drei Jahren leidenschaftlich gerne mit einer Schere spielte. Bevorzugtes Objekt ihrer Schneidekunst war eine rote Wachstuchdecke, im Krieg ein Wertgegenstand. Auf die Tat angesprochen leugnete sie, selbst wenn unsere Mutter sie ertappte. Die Sache wurde ihr mulmig. Sie wollte lieber nichts damit zu tun haben, es tat ihr Leid, am liebsten hätte sie alles ungeschehen gemacht. Der Satz „ich war es nicht" ist Ausdruck des Wunsches zu entkommen. Fragt die Mutter eindringlich nach „Du warst es wirklich nicht? Sag die Wahrheit!", wird die Sache für das Kind noch peinlicher und es antwortet: „Nein, wirklich nicht." Behandelt man das Kind daraufhin wie einen verstockten Lügner, steigert das noch das Gefühl der Peinlichkeit, und macht bei künftigen Verfehlungen die Hemmschwelle des Kindes vor der Wahrheit noch höher.

Die Wahrheit zu sagen erleichtert. Danach ist einem zumute, als habe man einen Stein hinaus ins Meer geschleudert und schaue stolz den sich ausbreitenden Wellen zu. Wer die Unwahrheit sagt, hat Angst. Wir ebnen unseren Kindern den Zugang zur Wahrheit, indem wir ihnen Mut machen.

Ein Wort zur Erzähltechnik dieser Geschichte: Das Hauptmotiv erscheint zu einem Zeitpunkt, in dem das Märchen schon fast beendet ist, in einem Nachsatz. Schwierige Botschaften wie die des Märchens „Sag die Wahrheit, das erleichtert dein Gewissen" rufen das Gefühl der Überforderung und eine Trotzreaktion hervor, wenn sie direkt angesprochen werden. Solche Botschaften an unsere Kinder kommen häufig an, wenn sie am Rande dessen anklingen, was wir unter der Überschrift ankündigen: „Jetzt hör mal genau zu ... ich möchte etwas Wichtiges mit dir besprechen."

Wir Grautiere

Es waren einmal im fernen, fernen Indien ein großer grauer Elefant und eine kleine graue Maus. Solange das Mäuslein denken konnte, lebte es mit dem Elefanten und bewunderte ihn. Er war so groß, so stark, so schön und er wusste so viel. Der Elefant seinerseits liebte das Mäuslein und hatte täglich sein Freude an ihm. Nachts schlief das Mäuslein hinter einem der großen Elefantenohren, den Tag turnte es den langen Rüssel des Elefanten entlang oder schaukelte lachend an seinem Pinselschwanz. Mit seinem Rüssel pflückte der Elefant süße Früchte und die leckersten Nüsse aus den hohen Bäumen und gab dem Mäuslein immer die Besten davon.

Eines Tages saßen die beiden wieder einmal friedlich nebeneinander am großen Fluss, dort, wo die Hängebrücke das rauschende Wasser überspannt. Das Mäuslein sah den Elefant strahlend an und sagte: „Gell, du magst mich ebenso wie ich dich." „Natürlich", antwortete der Elefant, „wir sind uns doch so ähnlich. Dein Fell ist genauso grau wie meine dicke Haut. Du läufst auf vier Beinen wie ich, hast zwei Ohren wie ich und einen dünnen Schwanz. Was aber das Wichtigste ist, wir essen beide am liebsten süßes Obst und knackige Nüsse, und wir lachen beide gerne. Komm her und krabbele mich hinter meinen Schlappohren, dann will ich dich mit meinem Rüssel fangen, wenn du meine Stempelbeine hinauf- und hinuntersaust." Das Mäuslein quiekte, der Elefant trötete und beide spielten eine Weile. Als sie müde waren, setzten sie sich und schauten auf den Fluss und die Hängebrücke. Das Mäuslein bettelte: „Erzähl' mir noch einmal, wie du über den Fluss gekommen bist und wie es im Land auf der anderen Seite der Brücke aussieht, bitte." Der Elefant wollte zuerst nichts davon wissen. „Das habe ich dir schon so oft erzählt. Ich erinnere mich nicht so gerne daran. Das weißt du doch", brummte er. Das Mäuslein ließ nicht locker. Schließlich begann der Elefant: „Ich mache meine Erzählung aber ganz kurz, du Quälgeist. Also, als ich noch viel jünger war, gefiel es mir auf der anderen Seite der Brücke, wo ich damals lebte, nicht mehr. Ich fasste mir Mut und stapfte durch das Wasser. Seitdem bin ich hier. Hier gefällt es mir, denn du bist bei mir." Das Mäuslein war mit diesem knappen Bericht, den es tausende Male schon gehört hatte, sichtlich unzufrieden: „Was hat dir denn da drüben nicht gefallen?", quängelte es. „Es gab zu viele Schnaken", war die einzige Antwort, zu der sich der Elefant herabließ. Dann stand er auf und trottete davon. Das Mäuslein blieb sitzen und begann zu phantasieren: „Ich würde zu gerne wissen, wie es wirklich da drüben aussieht. Vielleicht ist dort das Land, in dem Käseblumen, Speckgras und Schokoladenplätzchen wachsen. Wie ich einmal gehört habe, muss man sich drüben die leckeren Nüsse nicht vom hohen Baum herunterholen lassen, weil sie überall in der Wiese liegen. Ich will dorthin … aber durchs Wasser stapfen, das kann ich nicht." Mutlos stand das Mäuslein auf und folgte dem Elefant.

Ein paar Tage später saßen beide an der gleichen Stelle und sahen auf die wilden Wasser des Flusses. Das Mäuschen spielte mit dem Elefant, um ihn in gute Laune zu bringen. Schließlich gab es sich einen Ruck und sagte frech: „Ich will auf die andere Seite des Flusses." – „Das geht nicht", sagte der Elefant so schnell und streng als habe er die Antwort schon lange vorbereitet. „Warum?", fragte das Mäuslein kleinlaut. „Du kannst nicht durchs Wasser stapfen." „Vielleicht könnte ich über die Hängebrücke huschen", piepste das Mäuslein unsicher. „Die Hängebrücke trägt uns Grautiere nicht", trötete der Elefant, „komm, ich zeige es dir." Das Mäuslein folgte dem Elefant zum Wasser. Dort, wo die Hängebrücke beginnt, setzte der Elefant seinen rechten vorderen Stempelfuß auf die Seile der Brücke und schaukelte sie nur ein wenig hin und her. Sofort begannen die Seile zu ächzen und zu stöhnen. Die ganze Brücke schwang gefährlich. Sie zischte und rasselte, als wolle sie zerreißen. Entsetzt schrie das Mäuslein: „Hör auf, hör auf. Sie wird zerreißen und du stürzt ins Wasser." Der Elefant zog seinen Stempelfuß zurück, wandte dem Fluss den Rücken zu und stapfte davon. Sein großes Elefantenherz war voller Angst, das Mäuslein zu verlieren. Die kleine Maus folgte ihm mit gesenktem Kopf. „Ich bin wie ein Elefant", dachte sie niedergeschlagen, „grau, vierbeinig, mit zwei Ohren und einem Schwanz. Wir Grautiere können nicht über die Hängebrücke gehen."

Drei Tage später ereignete sich Folgendes: Während der Elefant seinen Mittagsschlaf hielt, spielte das Mäuslein mit einer Nuss. Die Nuss kullerte davon und fiel in einen tiefen Graben. Ohne zu überlegen, folgte das Mäuslein der Nuss, indem es behände über einen langen Ast huschte, der sich in den Graben hinunterneigte. Der Ast wurde dünner und dünner, verzweigte sich vielfach, wippte und schaukelte heftig. Bei jedem Trippelschritt des Mäusleins gab er bedrohliche Laute von sich. Das Mäuslein achtete nicht darauf. Es war sich seiner Leichtfüßigkeit sicher. Als das Mäuslein nach kurzem mitsamt der Nuss auf die gleiche Weise wieder auf der Wiese neben dem schlafenden Elefant ankam und die leckere Nuss verspeiste, ging ihm ein Licht auf. Es sprang auf seine vier Pfoten, spitzte die Ohren, streckte den Schwanz in die Luft und huschte über die Hänge-brücke.

Der Elefant hat es nie mehr gesehen.

Wir Grautiere – Von Mutter oder Vater übernommene Ängste werden durch eigene Erfahrung gelöscht

Je näher ein Kind einem Elternteil steht, umso mehr ori-entiert es sich an ihm. Fehlt dem Kind der andere El-ternteil und damit ein weiteres Lebensmodell, über-nimmt es Stärken und Schwächen seines Vorbildes gleichermaßen. Es hat wenig Wahlmöglichkeit, aus der eigene Entscheidungen wachsen können. Auf diese Weise „erben" Kinder die Ängste ihrer Mütter und Väter. Um Kinder von der Bürde der ererbten Angst zu befreien, braucht das Kind eigene Erfahrungen. Dies ist in der

Weise möglich, dass das Kind durch Zufall oder weil „das andere Ufer" es verlockt, einen gefahrlosen Weg findet.

Deutlich werden solche Zusammenhänge am Beispiel einer Mutter, die aufgrund negativer Erfahrungen Angst vor ihrem getrennten Ehemann hat und dem Kind ihre Angst vererbt. Da für das Kind kein Grund besteht, den Vater zu fürchten, ist Lernziel, es durch eigene Erfahrungen von der Angst der Mutter abzukoppeln.

Die verschüttete Stadt

Wenn du bis zum Erdmittelpunkt gehst, dort links abbiegst bis du wieder zur Erdoberfläche gelangst und 2000 Jahre zurückgehst, so befindest du dich im Land Volkanien. Dies ist ein kleines Land, bestehend aus einem Vulkan, einer Stadt zu seinen Füßen und etwas Ackerland. Die Volkanier sind glückliche Menschen, jedenfalls zu der Zeit, zu der wir sie kennen lernen. Der Vulkan erhält mit seinem Ascheregen den Ackerboden fruchtbar. An seinen Hängen entspringen kühle und heiße Quellen, deren Wasser mit allerlei der Gesundheit tauglichen Erzen angereichert ist. Das Klima ist mild und angenehm. Dieser paradiesische Zustand dauert viele Jahre fort bis zu dem Tag, an dem der Vulkan heiße Lava speit und die gesamte Stadt verschüttet. Beim Anblick des Feuer speienden Berges sind die Bewohner in panischer Angst geflohen, jeder nur auf sein eigenes Überleben bedacht. Als sie wieder zur Ruhe kommen, bemerken sie, dass die eine Hälfte der Bewohner nach rechts, die andere nach links gelaufen ist. Die Volkanier zur Rechten betrachten ihre neue Umgebung. Der Boden ist leidlich fruchtbar. Es ist genügend Wasser vorhanden, wenn auch keine warme Quelle. Sie beschließen zu bleiben. Ähnlich zufrieden stellende Lebensbedingungen finden die Volkanier zur Linken vor, sodass auch sie sich für den neuen Ort entscheiden. Zwei neue Städte entstehen. In der Anfangszeit sind die wechselseitigen Besuche zwischen alten Freunden rechts und links des Vulkans noch rege. Einzelne Volkanier wechseln ihren Wohnsitz. Dann schläft der Kontakt allmählich ein. Der Pfad zwischen den beiden Städten wächst zu. Lebhaft in der Erinnerung bleiben allerdings der Vulkanausbruch und die Angst, die alle hatten. Diese Angst verbindet sich mit den fremd gewordenen Menschen auf der anderen Seite des Berges. Schon geht bei den rechten Volkaniern das Gerücht um: „Die Linken wollen uns die Kinder rauben." Sie schützen ihre Stadt mit einem Palisadenzaun und bewaffnen sich mit Macheten, die sie bei der Feldarbeit immer in Griffweite habe. Ja, sogar die Kinder tragen auf dem Schulweg kleine Macheten. Bei den linken Volkaniern verbreitet sich ein anderes Gerücht: „Die Rechten wollen uns das Wasser vergiften, um uns auszurotten." Bald sind sie genauso von einem Palisadenzaun umgeben und mit der Machete in der Hand kampfbereit wie die linken Volkanier.

Eines Tages plant ein Lehrer – ob rechts oder links des Vulkanes, ist nicht überliefert – einen Ausflug zur verschütteten Stadt. Die Obrigkeit verbietet den Ausflug wegen der vielen lauernden Gefahren. Durch das Verbot wird die Stadt ungeahnt reizvoll. Heimlich schleichen einige Kinder zur verschütteten Stadt. Beim Spielen entdecken sie, dass sich unter Asche und Lava ganze Häuser unversehrt erhalten haben. Als sie davon erzählen, strömen mehr und mehr Kinder zur verschütteten Stadt – und etwa zur gleichen Zeit wirkt sich die magische Anziehungskraft auch auf die Kinder von der anderen Seite des Berges aus. Als sich die Kinder das erste Mal begegnen, sind alle ziemlich ängstlich. Zu tief sitzt die Überzeugung von der Bösartigkeit der anderen. Dann merken sie, dass es sich gut miteinander spielen lässt und dass sie sogar dieselbe Sprache sprechen. Täglich werden es mehr Kinder, für die die verschüttete Stadt ein ideales Spielgelände ist. Als die Obrigkeiten der linken und rechten Volkanier hinter das Treiben der Kinder kommen, ist es bereits zu spät, irgendetwas zu verhindern. Erste Freundschaften sind fest geknüpft. Die Gerüchte vom Kinderstehlen und Wasservergiften glaubt keines der Kinder mehr.

Die verschüttete Stadt – Angstphantasien bei Trennung und Scheidung der Eltern lassen sich durch Kontakt mit dem abwesenden Elternteil entmachten

Betrachten wir Trennung und Scheidung der Eltern aus der Sicht von Kindern, so erleben sie sie als Naturkatastrophe. Ihre heile Welt ist zerstört. Geblieben ist ihnen ein Elternteil, bei dem sie leben. Von ihm sind sie abhängig. Ihm fühlen sie sich zugehörig.

Ehepartner haben nach einer Trennung in der Regel den verständlichen Wunsch, die Vergangenheit abzuschließen, was oft bedeutet, den Kontakt abzubrechen. Dieses Bedürfnis lässt sich bei kinderloser Ehe ohne weiteres verwirklichen. Sind Kinder vorhanden, ist es grundsätzlich unerfüllbar. Um den als Eindringling empfundenen Elternteil abzuschütteln, wird dann oft der Umgang mit den Kindern verweigert. Es gibt dafür Gründe, die allgemein anerkannt werden, im Ernstfall von einem Gericht. Sie entstehen mitunter aus dem Nichts. Meist sind es Ängste, die sich aus dem Schrecken der Katastrophe „Trennung" speisen. Kinder haben keine andere Wahl, als sich dem sie betreuenden Elternteil anzuschließen. Für den abgelehnten, angstbesetzten Elternteil ist die Entwicklung logisch nicht nachvollziehbar. Er versucht daher häufig, mit Vernunftgründen gegen die Umgangsverweigerung anzukämpfen. Da die Angst aber im Unterbewusstsein haftet, ist mit Überzeugungskraft nichts gegen sie auszurichten. Die Angst behauptet sich. Im Zweifel findet sie neue, stärkere Gründe. Angst ist schöpferisch.

Unter den Trümmern der Trennungskatastrophe ist vieles heil geblieben. Die positiven Erinnerungen und Gefühle der Kinder sind nicht zerstört, sondern nur verschüttet. Man kann sie freilegen. Wie groß der Gewinn ist, lässt sich nicht grundsätzlich beantworten. Es ist ähnlich wie bei der Ausgrabung einer verschütteten Stadt. Die Ausbeute hängt vom ursprünglichen Reichtum und der Schönheit der Stadt ab und dem Ausmaß der Katastrophe. Lohnend ist eine Ausgrabung allemal. Die „verschüttete Stadt ausgraben" bedeutet für Scheidungs- und Trennungskinder praktisch, ihnen den Kontakt zum „verlorenen" Elternteil zu ermöglichen. Die Anschauung der Realität ist ein effektives Mittel, die sie überlagernden „Angstphantasien" zu entmachten. Oft lässt sich die Elternfeindschaft nicht ohne vermittelnde Bundesgenossen überwinden. Als solche eignen sich am ehesten andere Kinder, Geschwister oder Schulfreunde und -freundinnen.

Rotschopf und Schwarzhaar

Rotschopf und Schwarzhaar hatten gewettet, wer von ihnen mit einem Flügelschlag am weitesten gleitet. Damit du nicht verwundert fragst, wer sind die beiden?, und was ist das für eine seltsame Wette?, verrate ich dir: Rotschopf und Schwarzhaar sind Engel. Alle Engel haben, wie du weißt, Flügel. In ihrer Heimat, dem Himmel, ist Fliegen die einzige Art der Fortbewegung. Engel, die ihre Flügel hängen lassen, sind traurig. Engel, die sie aufrecht tragen, sind fröhlich. Die meisten Engel tragen ihre Flügel aufrecht. Oder ist dir schon einmal ein Engel mit hängenden Flügeln begegnet? Engel bekommen jeden Tag ihre Lieblingsspeise. Sie brauchen ihren Teller nicht leer zu essen. Sie dürfen anziehen, was sie wollen, ihre kaputten Jeans oder ihr Sonntagskleid, und werden nicht geschimpft, wenn sie sich dreckig machen. Engel dürfen sogar spielen, bevor sie Hausaufgaben machen. Engel sind weder Jungen noch Mädchen oder sie sind Junge und Mädchen in einem. Beides ist dasselbe. Deshalb gibt es zwischen Engeln wenig Streit. Engel mit einer glockenhellen Stimme heißen Serafin, die anderen werden Cherubim genannt. Sie spielen Trompete oder Geige oder Flöte. Bei Engeln, die geigen oder flöten, ist es wichtig, dass sie schön spielen. Trompetenengel dürfen falsch spielen, Hauptsache, sie trompeten laut. Rotschopf und Schwarzhaar sind Trompetenengel. Sie haben goldblonde Haare wie alle Engel. Rotschopf und Schwarzhaar sind ihre Spitznamen, weil Rotschopf die meisten Sommersprossen auf der Nase und Schwarzhaar die dreckigsten Fingernägel im ganzen Himmel hat. Sie sind unzertrennlich. Eines ihrer Lieblingsspiele ist „Sterne ärgern", das andere nennen sie „Wolkenschlacht" – dabei bewerfen sie sich wechselweise solange mit Regenwolken, bis beide patschnass sind. Um wieder trocken zu werden, fliegen sie einmal an der Sonne vorbei. Jeden Morgen ist Musikunterricht unter der strengen Leitung des Erzengels Michael: erste Stunde richtig spielen, zweite Stunde falsch spielen, dritte Stunde nach Herzenslust singen. Am schwierigsten ist das Folgende: beim Falschspielen ist Richtigspielen falsch und Falschspielen richtig. Am Ende weiß man nicht, was richtig und was falsch ist und macht deshalb alles falsch, das heißt richtig. Die meisten Engel quälen sich beim Falschspielen. Sie freuen sich darauf nach Herzenslust zu singen, weil es dabei auf richtig und falsch nicht ankommt. Rotschopf und Schwarzhaar empfinden dagegen bereits beim Falschspiel Herzenslust. Sie trompeten laut und falsch wie kein anderer im Himmel. Erzengel Michael hat sie deshalb für eine besondere Aufgabe vorgesehen: Am „Jüngsten Tag" dürfen Rotschopf und Schwarzhaar ... aber das bleibt noch Geheimnis. Rotschopf und Schwarzhaar genießen täglich aufs Neue ihr Engelleben bis zu jenem Morgen, an dem Erzengel Michael mit feierlicher Mine vor die Klasse tritt und verkündet: „Der Jüngste Tag ist nahe. Ich erkläre euch das Programm und die Rolle, die jeder von euch dabei hat. Als erstes treten Rotschopf und Schwarzhaar auf und blasen so laut und falsch in ihre Trompeten, dass alle Toten davon wach werden und sie aus ihren Gräbern aufstehen." Diese Botschaft fährt Rotschopf und Schwarzhaar so in die Glieder, dass sie von Michaels weiteren Worten nichts mehr mitbekommen. Schreckensstarr sitzen sie da, die Finger zittern, die Kehle ist ihnen ausgetrocknet. An diesem Tag bringen sie keinen Ton aus ihren Trompeten. „Stell dir vor", sagt Rotschopf zu Schwarzhaar, „die Auferstehung findet nicht statt, nur weil wir zwei keinen Ton aus unseren Trompeten herausbringen." In ihrer Not gehen die beiden Engel zu Luzifer. „Hilf uns, damit wir uns nicht blamieren", bitten sie. Er antwortet: „Wenn ihr nicht blast, dann schlafen die Menschen weiter. Die haben schon so lange geschlafen, ein Jahr mehr oder weniger schadet ihnen nichts." Rotschopf und Schwarzhaar sind erleichtert, aber nur vorübergehend, dann schlägt ihr schlechtes Gewissen. Sie gehen zu Gottvater. „Ich weiß Bescheid", empfängt sie dieser. „Ihr seid die beiden besten Falschspieler im Himmel. Deshalb sollt ihr am Jüngsten Tag die erste Trompete blasen so laut und falsch, dass alle Schläfer erwachen und aufstehen. Seitdem ihr das wisst, bleibt euch vor Angst die Puste weg und die Spucke." Schuldbewusst nicken Rotschopf und Schwarzhaar und blicken unter sich. „Was Luzifer euch geraten hat, ist nicht schlecht", fährt Gottvater fort. „Er würde sich ins Fäustchen lachen, wenn ausgerechnet bei der Feier zum Jüngsten Tag etwas schief ginge. Ich glaube aber, ihr wollt lieber an einem großen Fest mitwirken als an einem misslungenen." Rotschopf und Schwarzhaar nicken eifrig. „Deshalb schlage ich euch etwas anderes vor. Wisst ihr noch, wie ihr auf der Himmelswiese mit euren Trompeten Maulwurf wecken gespielt und dabei so laut und falsch geblasen habt, dass die Maulwürfe aus ihren Löchern gekrochen kamen, um zu sehen, was los ist?" „Wir konnten uns kaum halten vor Lachen", erinnert sich Rotschopf. „Die erstaunten Maulwurfsgesichter waren lustig", ergänzt Schwarzhaar. „Ist euch bei diesem Spiel die Spucke weggeblieben oder haben euch die Finger gezittert?" „Nein", die Stimmen von Rotschopf und Schwarzhaar klingen fast empört. „Wenn ihr am Jüngsten Tag in eure Trompeten stoßt, denkt dabei, ihr spieltet Maulwurf wecken. Freut euch auf die erstaunten Gesichter der Menschen. Es schadet nicht, wenn ihr hinterher lacht. Lachen ist an jedem Tag gut. Jetzt geht auf die Himmelswiese und tragt bitte eure Wette aus." Rotschopf und Schwarzhaar gehorchen.

Und wenn du heute Nacht den Himmel beobachtest, kann es sein, dass du Rotschopf und Schwarzhaar am Mond vorbeigleiten siehst.

Rotschopf und Schwarzhaar – Prüfungsangst mit Leichtigkeit und Humor begegnen

Das Märchen handelt von Prüfungsangst, der Angst, sich zu zeigen, der Angst auf einer Bühne zu stehen. Wer Prüfungsangst empfindet, hat innere Bilder von Versagen. Er dramatisiert. Das Scheitern wird zur Katastrophe oder, um im Märchen zu bleiben, zur Vorstellung, die Auferstehung der Toten finde nicht statt.

Eine Hilfe, die in der Auseinandersetzung mit Ängsten angeboten wird, ist die Desensibilisierung. Man setzt sich den beängstigenden Gedanken, Bildern und Empfindungen aus und erlebt, wie Gefühle sich verbrauchen. Dabei wächst die Erkenntnis, dass das Leben auch dann weitergeht, wenn man versagt. Das Schlimmste, was den Engeln passieren kann, ist, dass die Toten etwas länger auf ihre Auferstehung warten müssen. Wer sich desensibilisiert, beschäftigt sich jedoch nach wie vor mit der Angst. Indem er sich gegen die Folgen des Versagens wappnet, plant er den Misserfolg ein. Er verliert das Ziel einer Prüfung aus den Augen.

Eine ebenso häufige wie verständliche Reaktion ist es, Ängste zu verdrängen. Doch Ängste reagieren nicht auf Befehl. Sie melden sich unwiderstehlich und mit Nachdruck zurück.

Das Wesentliche an einer Prüfung ist, dass man in ihr den krönenden Abschluss nach einer Phase intensiver Vorbereitung sieht. Eine Prüfung ist wie ein Fest, ein Ereignis zum Genießen. Dazu gehört die Vorfreude, die spielerisch und kreativ macht. Solange die beiden Engel den Kopf voller fröhlicher Streiche hatten, haben sie wie von selbst gelernt, die lautesten Töne im ganzen Himmelreich zu trompeten. Wer von Engeln lernen möchte, der bereite sich mit Humor und Leichtigkeit auf eine Prüfung vor und entwickle innere Bilder, wie ihm auch in der Prüfungssituation Leichtigkeit und Humor zu Gebote stehen, bis Ernstfall und Spiel sich nur noch unwesentlich unterscheiden.

Kinder in Prüfungsangst brauchen ein Vorbild ohne Prüfungsangst, besser eines, das seine Prüfungsangst überwunden hat, um sich damit zu identifizieren. „Wenn es ganz schwierig wird, bin ich ..." Die besten Helden sind die Antihelden, die um ihrer Unvollkommenheit willen liebenswert sind. Zu dieser Kategorie zählen Rotschopf und Schwarzhaar, die genau besehen nicht mehr können als den größten Lärm im ganzen Himmel zu produzieren. Gehen Sie, liebe Eltern, mit Ihrem Kind durch die Welt seiner Phantasiegestalten und helfen Sie ihm einen (Anti-)Helden zu finden und mit den Qualitäten Humor und Leichtigkeit auszustatten.

P. S. Nachdem ich den ersten Nonsensfilm der Beatles gesehen hatte, wurde ich bei all meinen Prüfungen Ringo Star, der Schlagzeuger, der das Publikum (meine Prüfer) durch seine Soli zum Jubeln brachte oder übertönte.

Der Spiegel der Zukunft

„So weit ist es geschafft", denkt Ori, „der Portier hat mich nicht bemerkt, als ich ihm den Schlüssel zum Turmzimmer weggenommen habe. Er hat nicht einmal aufgehört zu schnarchen. – Der Turm ist höher als ich gedacht habe." Die breiten Treppen mit Geländer bis zur Aussichtsterrasse für die Touristen liegen hinter Ori, auch die Wendeltreppe. Jetzt ist er bei den schmalen Leitern, die nahezu senkrecht nach oben führen. Sie sind alt und knarren verdächtig. Das Herz schlägt Ori vor Aufregung. Doch die Neugier besiegt die Angst. „Nur nicht nach unten sehen, damit mir nicht schwindelig wird", redet Ori gegen seine Angst an. Endlich ist er an der Falltüre, die das Turmzimmer verschließt. Ein Totenkopf und das Wort *Verboten* sind darauf sichtbar. Jetzt erst recht, sagt sich Ori. Er horcht an der Türe. Innen lassen sich ein metallisches Klicken und in regelmäßigen Abständen ein dumpfer Ton hören. Das Schloss öffnet sich leicht. Die Falltüre ist schwer. Mit der Kraft seiner Neugier stemmt Ori sich dagegen, um sie zu heben. Endlich ist er im Turmzimmer über das so viele seltsame Geschichten erzählt werden. Der Raum liegt im Halbdunkeln. Behutsam tastet Ori sich vor. Eine Querseite des Raumes wird von einem fast blinden Spiegel eingenommen. Den überwiegenden Teil des Raumes füllt ein Gestänge mit ineinander greifenden Zahnrädern, das Räderwerk der Turmuhr. In der Mitte des Räderwerkes befindet sich ein goldenes Kästchen, neben dem ein kaum ellenhoher Zwerg in purpurnem Gewande steht. „Dies ist das Herz der Uhr", erklärt der Purpurzwerg und betrachtet Ori, als kenne er ihn schon lange und habe ihn gerade erwartet. Der Purpurzwerg öffnet das goldene Kästchen, in dem sich ein ebensolches Räderwerk, wie Ori es im Großen sieht, befindet. „Hier ist der Ursprung des metallischen Klickens." Der Purpurzwerg zeigt Ori wie die Räder kunstvoll ineinander greifen. „Ich bin der Hüter der Zeit", sagt er stolz, „ich überprüfe die Gewichte, die Lager und das Ineinandergreifen der Zahnräder, damit den Menschen die Zeit im Gleichmaß fließt." „Ist das deine einzige Aufgabe die Gegenwart zu bewachen?", will Ori wissen. „Nein, mir sind auch die Vergangenheit und die Zukunft anvertraut. Ich warne dich jedoch vor einem Blick in die Zukunft. Zu früheren Zeiten kamen viele Menschen zu mir und ließen sich ihre Zukunft zeigen. Die meisten von ihnen hat der Anblick erschreckt. Ohne sich von mir zu verabschieden, sind sie gesenkten Kopfes davongeschlichen. Nach diesen traurigen Erfahrungen habe ich das Verbotsschild und den Totenkopf angebracht, um alle abzuschrecken, deren Neugier nicht größer ist als ihre Angst. Ich warne dich davor, deine eigene Zukunft sehen zu wollen." „Ich will sie aber sehen", fordert Ori. „Vor dir ist der Spiegel der Zukunft", sagt der Purpurzwerg und deutet auf den blinden Spiegel. Ori betrachtet den Spiegel, der sich beim Ansehen aufhellt und das Bild des Turmzimmers zeigt mit Ori und dem Hüter der Zeit. „Das ist nur die Gegenwart. Kann der Spiegel nicht mehr?", protestiert Ori. „Es ist die Kraft deiner Neugier, die dich sehend macht. Der Spiegel wirft lediglich das Bild zurück", erklärt der Purpurzwerg. Mit der Kraft seiner Neugier versucht Ori in die Zukunft vorzudringen. Da erscheint im Spiegel das Bild einer fröhlichen Gesellschaft zur Sommerzeit. „Das ist mein nächster Geburtstag", ruft Ori und dringt weiter in seine Zukunft vor. Er erlebt im Spiegel wie er mit 14 Jahren die Schule verlässt. „Jetzt will ich mich sehen, wenn ich 18 Jahre alt bin", fordert Ori. Der Spiegel zeigt Ori in einer fremden Umgebung. Das Bild ist grau. „Das Bild macht mir Angst. Ich verstehe es nicht." „Mit 18 Jahren hast du dein Elternhaus verlassen und lebst dein eigenes Leben", erklärt ihm der Purpurzwerg und fügt mit Nachdruck hinzu „Mach nicht denselben Fehler wie die anderen, die vor dir einen Blick in ihre Zukunft gewagt haben und weggelaufen sind, als das erste graue Bild erschien. Der Spiegel zeigt dir im Augenblick nur den äußeren Rahmen, in dem du deine Zukunft gestaltest. Die Zukunft bietet dir viele Möglichkeiten." „Ich will mich mit 18 Jahren am Leben freuen", verlangt Ori vom Spiegel, der daraufhin ein farbiges Bild zeigt, wie er seine Eltern und Geschwister besucht und alle jubeln und lachen. Dann wechselt der Spiegel die Szene. Ori sieht sich mit Freunden auf einer Radtour. Neben sich erblickt er ein Mädchen mit vollem dunklem Haar. „Für heute weiß ich genug von meiner Zukunft", atmet Ori auf, während der Spiegel wieder erblindet. „Du hast klug gehandelt, dich zu bescheiden", entlässt ihn der Purpurzwerg. „Mit 18 Jahren kannst du mich wieder besuchen."

Der Spiegel der Zukunft – Neugier ist der beste
Verbündete gegen die Angst

Zu den menschlichen Primäremotionen, die Verhaltensforscher weltweit bei allen Völkern vorgefunden haben, gehören Angst und Neugier. Beide Emotionen sind zukunftsorientiert. Angst lässt die Zukunft grau erscheinen. Neugier macht sie farbig. Angst warnt, Neugier spornt an. Angst und Neugier sind gute Verbündete, wenn Neugier die Kraft ist, die Angst überwindet und Angst die Kraft, die Abenteuerlust und Wagemut vernünftige Grenzen setzt. Im Zusammenspiel von Angst und Neugier entsteht Faszination, ein Gefühl, das kribbelt. Jeder erlebt es, wenn er neugierig auf einen Turm steigt und dabei ängstlich in die Tiefe schaut.

Die Eisfee

Eines Tages wurde in dem ruhigen Bergtal eine Straße gebaut. Vor dem Lärm, dem Gestank und dem Müll flohen alle Tiere, die laufen konnten, hinauf ins Gebirge. Die Rehfamilie fand ein neues Zuhause in dem niedrigen Krüppelkieferwald kurz unter dem Gipfelgeröll, die Hasen bauten ihre Gänge ins Heidekraut, Vater Igel, Mutter Igel und ihre drei Igelkinder fanden eine Wohnung unter einem großen Stein. Die Luft war frisch, es roch aromatisch nach Bergkräutern, außer den Stimmen der anderen Tiere und dem Wind war nichts zu hören, und Nahrung gab es im Überfluss. Die Igelkinder freuten sich ihres Lebens und spielten in der Sommersonne. Alle waren froh, dem Lärm im Tal entkommen zu sein. Dann kam der Herbst mit Regen und Sturm und schließlich fielen die ersten schweren Schneeflocken vom Himmel. Der Igelvater versammelte seine Igelfamilie unter dem Stein und erklärte ihnen: „Der Winter kommt. Dieser Winter wird für uns ganz anders sein als die Winter unten im Tal. Er wird viel länger dauern, und es wird sehr kalt werden. Wir werden alle so sehr frieren, dass es uns weh tut. Es wird nichts mehr zu essen geben, weil alles starr gefroren ist. Aber, wenn es ganz schlimm ist und wir fast verzweifeln, dann kommt die Eisfee. Ich weiß das von meinem Großvater, der aus den hohen Bergen kam." „Was macht die Eisfee, hilft sie uns?", fragten die Igelkinder ängstlich. „Das weiß ich nicht", antwortete der Igelvater ernst, „an dieser Stelle hat mein Großvater immer aufgehört zu erzählen und ist eingeschlafen. Ihr müsst wissen, er war schon sehr alt."

Der Winter kam. Das Leben der Igelfamilie wurde von Tag zu Tag härter. Zuerst gab es nichts mehr zu essen. Der Boden war so hart gefroren, dass die Igelkinder keinen Wurm und keinen Käfer mehr finden konnten. Die Luft war eiskalt. Es flog keine Mücke mehr. Die Igelkinder kauten Heidekrautstengel. Der Magen knurrte ihnen. Sie hatten großen Hunger. Dann fiel der Schnee. Es schneite Tag und Nacht in dicken Flocken, bis alles um den Stein, unter dem die Igel dicht nebeneinander kauerten, nur noch weiß war. Das Heidekraut war tief verschneit. Es gab nichts mehr zu kauen. Nach den grauen Schneetagen kam bei klaren Sonnentagen bitterer Frost. Die Igelkinder wagten kaum noch ihre Augen zu öffnen. Die gleißende Sonne auf dem weißen Schnee stach wie mit Nadeln in ihre kleinen Augen. Die Augen brannten, die Tränen liefen. Doch weder der Hunger noch die schmerzenden Augen waren so unerträglich wie der Frost selber. Mit tausend Spießen stach der Frost ihnen in die weichen Igelkörper ganz so, als würden sie ihr Stachelkleid nach innen tragen. Die Igelkinder zitterten und weinten nur noch vor sich hin. Ihr Schmerz war kaum noch erträglich. Da sagte der Igelvater am Abend: „Hoffentlich kommt die Eisfee heute Nacht." „Was macht sie mit uns? Wir haben solche Angst. Wird sie uns noch mehr quälen?", wollten die

Igelkinder wissen. „Ich weiß nicht, was sie tut. Aber ich weiß, die Natur ist gut. Sie sorgt dafür, dass wir heil und gesund sind und leben können. Ich vertraue. Ich will euch eine andere Geschichte von meinem Großvater erzählen, eine Geschichte aus längst vergangenen Zeiten, damit ihr Hunger und Kälte ein bisschen vergesst." Der Igelvater erzählte: „Diese Geschichte hat mein Großvater von seinem Großvater erzählt bekommen und dieser wieder von seinem Großvater. Es ist eine sehr alte Geschichte. Vor langen, langen Zeiten war die Erde bewohnt von riesengroßen Echsentieren. Die meisten von ihnen waren Pflanzenfresser. Eines Tages holte sich ein Dinosaurier mit dem Namen Brachiosaurius gerade ein paar saftige Früchte ganz oben aus der Spitze eines zwanzig Meter hohen Farnbaumes. Er tat das, wie immer, indem er sich auf seinen langen breiten Echsenschwanz am Boden stützte, die vier Füße gegen den Baumstamm stützte, den Hals streckte und genussvoll in luftiger Höhe die süße Frucht kaute. Da geschah ein Unglück. Vom Himmel fiel ein Meteor. Meteore sind Stücke von Sternen. Sie fallen auch heute noch manchmal auf die Erde, sind aber meist sehr klein. Der Meteor an diesem Tag war riesengroß und furchtbar schwer, noch viel größer und schwerer als der Stein, unter dem wir hier kauern. Der große, schwere Meteor fiel Brachiosaurius genau auf seinen langen Echsenschwanz am Boden und trennte ihn mit einem Schlag vom Körper. Der Dino sank vom Baum zum Boden, denn er hatte keine Stütze mehr. Dort blieb er hilflos liegen. Ohne Schwanz konnte er nicht laufen. Er lag am Boden unter den 200 Meter hohen Bäumen mit den saftigen Früchten – drei Tage lang. Ihr werdet das kaum glauben: in den drei Tagen wuchs ihm ein neuer Echsenschwanz Stück für Stück aus dem Körper heraus. Er stand auf. Stützte den neuen Schwanz auf den Boden, stemmte seine vier Füße gegen den mächtigen, hohen Farnbaum, streckte seinen Hals und fraß genussvoll schmatzend eine saftige Frucht. Dabei murmelte er: ‚Danke, Mutter Natur. Du hast mich geheilt. Ich vertraue dir.‘ "

Die Igelkinder waren über der Geschichte längst eingeschlafen. In dieser Nacht kam die Eisfee nicht. Der neue Tag brach an. Er fand die Igel verzweifelt und verzagt. Ich weiß nicht, wie sie diesen Tag überlebten. „Die Eisfee kommt ganz bestimmt, vielleicht heute Nacht", sagte der Igelvater am Abend. Seine Igelkinder hörten ihn kaum, so matt waren sie vom Schmerz. „Wir wollen uns jetzt vorstellen, der kommende Sommer wäre schon da", hob der Igelvater an, um seine Familie wenigstens zu trösten, „ihr seid alle ein halbes Jahr älter. Ihr seid mächtig gewachsen und fast so groß wie Mama. Eure spitzen Igelstachel glänzen in der Sommersonne. Ringsherum blühen bunte Blumen, die tiefblauen Glockenblumen nicken mit ihren Blütenköpfen und der rote Alpenmohn wiegt sich elegant im Sommerwind. Die anderen Tiere rufen, lachen und plaudern nah und fern. Euer Bauch ist voller köstlicher Würmer, Käfer und Fliegen. Ihr Igelkinder döst in der Sonne während wir Igeleltern trockenes Gras für die Nacht unter unseren Stein schleppen. Beim Dösen erinnert ihr euch an einen Abend mit Schmerzen vor Kälte und Hunger im vergangenen Winter. Es ist der Abend vor der Nacht, in der die

Eisfee kam – jetzt schlaft gut", sagte der Igelvater und schlief selbst vor Erschöpfung ein.

Als das jüngste Igelkind in der Nacht aus seinem Hungerschlaf erwacht, ist alles ringsum stockdunkel und totenstill. Da fühlt es auf einmal einen leichten, kühlen Wind über sich, so als ginge jemand rasch vorbei. Im nächsten Moment blitzt und funkelt es vor den Augen des kleinen Igels aus tausend geschliffenen Eiskristallen in weißem, gleißendem Licht, so dass der kleine Igel schnell die Augen schließt vor der übergroßen Helligkeit. Als er sie zaghaft einen Spalt breit wieder öffnet, steht vor ihm eine wunderschöne Fee. Sie trägt ein langes, silbernes Kleid aus Eisblumen, bestickt mit fein geschliffenen, schillernden Eiskristallen. Ihre langen weißen Haare, die ihr sanft wie Wolken über die Schultern fallen, sind aus weichen Schneekristallen. Auf dem Kopf trägt sie eine zierliche Krone aus blauen Federn des Eisvogels, ihre Füße stecken in zierlichen Pantoffeln aus Eisbärfell. Die Eisfee lächelt den kleinen Igel mit liebevollem Ernst an, erhebt ihren funkelnden Zauberstab und berührt das Igelkind damit sanft am Herzen. Der kleine Igel spürt einen Stich und schläft. Er schläft und schläft, er schläft den ersten Winterschlaf seines Lebens. Er schläft wie alle anderen Igel lange und tief. Er spürt keinen Hunger, keine Kälte und keinen Schmerz. Warme Frühlingssonnenstrahlen und der Duft von Heidekraut wecken das Igelkind. Das erste, was ihm einfällt, sind die Worte des Dinosauriers aus Vaters Geschichte: „Danke, liebe Mutter Natur", flüstert es, „du hast dafür gesorgt, dass ich heil und gesund bin und leben kann. Ich vertraue."

Die Eisfee – Angst vor dem Tod eines geliebten Menschen in Vertrauen umwandeln

Das Märchen habe ich Eva, einem achtjährigen Mädchen erzählt, dessen Mutter an Krebs erkrankt war und in den nächsten Tagen operiert werden sollte. Eva hatte verständliche Angst, die Mutter zu verlieren. Krankenhaus, Narkose, Operation, Tod waren ihr aus dem Fernsehen bekannte zusammengehörige Motive. Evas Eltern hatten die gleichen Sorgen wie ihr Kind. Deshalb waren ihre Tröstungsversuche vergeblich. Ihre Hilflosigkeit bewies dem Kind im Gegenteil, wie berechtigt seine Furcht war.

Unverantwortlich wäre es gewesen, Eva die Genesung ihrer Mutter zu versprechen. Man kann einem Kind nicht vermitteln, was man selber bezweifelt. Zu meinen tiefsten Überzeugungen gehört es, dass die Natur heilen, ja dass sie Wunder vollbringen kann und dass sie deshalb Vertrauen verdient. Angst vor dem Sterben lähmt, Vertrauen in die Heilkraft der Natur motiviert Kräfte. Es ging mir also darum, Evas Furcht in Vertrauen zu verwandeln.

Ich habe die Farbe weiß, die in Evas Negativbildern vorherrschte, positiv besetzt, indem ich die Eisfee liebevoll beschrieben und sie zur Trösterin der Igel gemacht habe. Ihre wunderbare Erscheinung ist das letzte Bild der Igel vor dem rettenden Winterschlaf. Die Metaphern von Eis und Winterschlaf haben in Evas Phantasie die Vorstellung von Narkose wohltuend überlagert. Als Erzähltechniken habe ich die der Geschichte in der Geschichte und der Wiederholung verwandt, beides, um

Eva in eine leichte Trance zu versetzen, sie für meine Botschaft empfänglich zu machen und das Gefühl von Vertrauen in ihrem Unterbewussten zu verankern.

In schwierigen Situationen, wie die bedrohliche Erkrankung der Mutter eine ist, rückt eine intakte Familie enger zusammen. Das kann sich darin äußern, dass zusätzlich gemeinsame Zeit verbracht, gebastelt, gemalt, gesungen oder vorgelesen wird. Dabei ergeben sich Fragen oder Gespräche, die um das eigentliche Thema kreisen. Kinder haben die natürliche Gabe, nahezu übergangslos erst traurig und dann ausgelassen und heiter zu sein. Sie spenden durch die Direktheit ihrer Zuneigung Trost, was Erwachsene wiederum in die Lage versetzt, Zuversicht und Vertrauen auszustrahlen und dem Kind Halt zu bieten.

Eine andere Idee, das kindliche Vertrauen in natürliche Heilkräfte zu stärken, ist es, dem Kind Heilkräfte anschaulich vorzuführen: etwa am Beispiel einer Wunde, die sich schließt, eines Baumes, der an Bruchstellen neu austreibt oder einer Eidechse, deren verlorener Schwanz nachwächst.

Schließlich kann man übersteigerten Ängsten durch Anschauung der Realität begegnen und mit einem Kind ein Krankenhaus besuchen oder ihm themenspezifisches Spielzeug und Bilderbücher anbieten.

Billi Dollar

Mitten in der Geschichte beginnen wir – fassen wir kurz zusammen, was seither geschah, ehe wir Billi Dollar für den Rest seines Lebens begleiten.

Als Billi seinen Namen zum ersten Mal mit Bewusstsein las, wurde ihm klar, dass er einmal reich sein würde. Lange unternahm er nichts, um die in seinem Namen ruhende Prophezeiung wahr zu machen. Für harte körperliche Arbeit war er nicht geschaffen. Billi war ein eigenwilliger Sammler alter Schlüssel.

Wieso sammelt ein Mensch alte Schlüssel, fragt man sich zu Recht und vermutet, wer Schlüssel sammelt, ist neugierig oder plant einen Einbruch. Beide Vermutungen treffen auf Billi nicht zu. Zu keiner Zeit seines Lebens hat er sich für die Geheimnisse anderer interessiert. Und der Gedanke, einen seiner Schlüssel zu missbrauchen, lag ihm so fern, dass er bewusst auf das Sammeln von Nachschlüsseln verzichtete. „Nachschlüssel sind keine Schlüssel", erklärte er, „ich sammele nur Originale." Anfangs wusste Billi selber nicht, wozu ihm seine Sammlung einmal dienen würde. Weit und breit gab es niemanden, der Billis Leidenschaft teilte oder einem alten Schlüssel den geringsten Wert beimaß. Billi konnte ohne finanziellen Aufwand binnen kurzem seine Sammlung so vergrößern, dass sie die väterliche Garage ausfüllte. Alles war wohl geordnet. Es gab die Abteilungen „Gartenschlüssel", „Haustürschlüssel", „Briefkastenschlüssel", „Schrank- und Kommodenschlüssel" und „Geheimschlüssel". Als Billi mit sechzehn die Schule verließ, spürte er keinen Drang, einen ordentlichen Beruf zu erlernen. „Wer so viele Schlüssel hat, muss davon leben können", dachte er und inserierte: „Ich habe Ihren Schlüssel!" Diese Anzeige wiederholte er Woche für Woche. Von Mal zu Mal wurde sie etwas größer, bis sie eine ganze Seite einnahm. Weitere Werbung hatte Billi für den Rest seines Lebens nicht nötig. Ihm strömten von Tag zu Tag mehr Leute zu, die einen Schlüssel verloren hatten. Die meisten von ihnen lächelten zufrieden, wenn sie sich von Billi verabschiedeten, der mit Kennermiene, häufig auf den ersten Blick, den passenden Ersatz gefunden hatte. Als Dank erhielt Billi oft ein Vielfaches des geforderten Lohnes und das Versprechen, ihm künftig alle entbehrlichen Schlüssel für seine Sammlung zu überlassen. Das Unternehmen „Ich habe Ihren Schlüssel" wuchs. Billi eröffnete in mehreren europäischen Ländern Filialen, die erfolgreichste in England, wo er sich auf Schlüssel für alte Burgen, Landhäuser und Adelsschlösser spezialisierte. Seine Erwartung, dass die Besitzer solcher Gebäude vergesslicher sind als gewöhnliche Schlüsselbesitzer, erwies sich als zutreffend. Billi verlegte den Schwerpunkt seiner Unternehmungen nach Europa. Er fand Geschmack an Palästen und Europäischer Lebensart. Als er sich reich genug glaubte, zog er sich aus dem Geschäftsleben zurück, heiratete die Gräfin von Stratiwary und erwarb in Sizilien ein prächtiges Schloss. Damit kommen wir von der Vorgeschichte zur eigentlichen Geschichte.

Vordergründig ist Billi glücklich. Er liebt seine Gräfin und sie liebt ihn. Weit und breit gibt es kein schöneres Schloss. Doch in seinem Inneren rumort etwas, vergleichbar dem Geräusch eines Schlüssels, der möglichst lautlos ein verbotenes Schloss öffnet. Je deutlicher das Geräusch wird und je aufmerksamer Billi hinlauscht, umso mehr erweckt es Angst in ihm. Zeit seines Lebens hat Billi geschäftlich mit Menschen verkehrt, die in der Angst lebten, ein Unbefugter habe sich ihren Schlüssel angeeignet, um sie bei günstiger Gelegenheit zu berauben. Die Angst klang in den Worten seiner Kunden wieder und spiegelte sich in ihrem Gesicht. Als guter Geschäftsmann, der Billi war, unternahm er nichts, die Angst zu zerstreuen. Im Gegenteil, es war manchmal nötig, dem Kunden das Beängstigende ihrer Situation bildhaft vor Augen zu führen. Dabei hatte sich Billi in die Vorstellungswelt seiner Kunden hineinversetzt und sie sich von Jahr zu Jahr mehr zu eigen gemacht.

Jetzt, da er zur Ruhe kommt, beginnt die Angst mehr und mehr Besitz von ihm zu ergreifen. Er schläft schlecht aus Angst vor Dieben. In jedem Besucher wittert er einen Kundschafter, der Einbruchsmöglichkeiten erspäht. Billis Frau, der Gräfin, die von jung auf an Reichtum gewöhnt ist, sind die Ängste ihres Mannes fremd. Vergeblich sorgt sie sich um ihn und versucht ihm zu helfen. Billi nimmt sie kaum noch wahr, so sehr hat die Angst Besitz von ihm ergriffen. Um sich in seinem sizilianischen Schloss sicher zu fühlen, umgibt er es mit einer hohen Mauer. Er versieht es mit einer modernen Warnanlage und beschließt, einen Leibwächter einzustellen. Seine Wahl fällt auf Marco, dessen hünenhafte Gestalt und dessen schlichter Name ihm gleichermaßen Vertrauen einflößen. Mit dieser Wahl hat Billi insofern Pech, als Marco gerade nach Verbüßung einer längeren Freiheitsstrafe wegen Einbruchdiebstahles entlassen wurde. Andererseits hat Billi Glück, da Marco sich selbst feierlich gelobt hat, nie mehr rückfällig zu werden. Im ersten Jahr geht alles gut. Marco versieht gewissenhaft seinen Dienst. Billi fühlt sich bei Marco geborgen. Am liebsten hat er ihn in seiner Nähe. In der Zwischenzeit sind mehrere von Marcos ehemaligen Spießgesellen wieder in Freiheit. Sie bedrängen und verlocken Marco zum alten Verbrecherhandwerk zurückzukehren und Billi auszurauben statt auf ihn aufzupassen wie auf ein Schoßhündchen. Marco widersteht. Mit keinem Wort verrät er etwas über die Schätze des Schlosses und dessen Alarmanlage. Währenddessen verschlechtert sich Billis Befinden, als ahne er Gefahr. Diesmal richtet sich sein Misstrauen sogar gegen Marco. Er beginnt ihn zu überwachen. Eines Tages vermisst Billi Geld. Er beschuldigt Marco, den dieser Vorwurf zutiefst kränkt. Zornig verlässt Marco das Schloss und heuert im Hafen als Matrose an. Ohne Marco fühlt Billi sich schutzlos. Nacht für Nacht erwartet er den Einbruch. Längst wissen auch die Diebe, dass Marco Billi verlassen hat. Sie erkunden das Schloss, sein Sicherungssystem und die Wertsachen. In einer dunklen Nacht brechen sie ein. Kein Gegenstand von Wert bleibt zurück. Da Billi gerade in dieser Nacht vor Erschöpfung tief schläft, sieht er erst am Morgen, wie vollkommen sich seine Ängste erfüllt haben.

Was niemand vermuten würde: erleichtert atmet er auf: „Endlich muss ich mich nicht mehr vor einem Einbruch fürchten." Dann verlässt er mit seiner Gräfin das Schloss und verbringt noch 30 Lebensjahre glücklich irgendwo in Sizilien.

Billi Dollar – Es gibt keinen vollkommenen Schutz für Kinder vor den Gefahren des Alltags – Elternängste vergrößern die Gefahr

Ein Schlüssel ist ein Symbol der Angst, „Angst hinter Schloss und Riegel". Die Zahl der benötigten Schlüssel ist ein Indiz für die Größe der Angst. Es klingt paradox, aber Schlüssel machen Angst. Wer sich eine Alarmanlage zulegt, denkt an einen Einbrecher, der sie zu knacken versucht. Um seine Alarmanlage zu verbessern, denkt er an einen besonders gewieften Verbrecher. Es entsteht eine Spirale der Angst. Angst ist eine Kehrseite des Besitzes. Die Beschäftigung mit der Angst färbt selbst auf einen in sich gefestigten Durchschnittsmenschen wie Billi Dollar ab.

Wer reich ist, soll Angst haben, das ist ein gerechter Ausgleich, wird sich jeder trösten, der keine Reichtümer besitzt. Doch das Gesetz der Angst reicht weiter. Viele Eltern ängstigen sich um ihre Kinder, richten Sicherheitskontrollen ein, überwachen den Schlaf von Säuglingen akustisch, geben Schulkindern ein Handy mit, um sie und sich zu beruhigen und fragen sich ängstlich, ob ihre Vorsicht ausreicht.

Eine „Kultur ohne Schlüssel" ist uns unvorstellbar, ebenso wenig ein Verzicht auf alle Kontrollen und Maßnahmen, die wir zum Schutze unserer Kinder ergreifen. Offen bleibt die Frage nach dem Umfang der Sicherheitsvorkehrungen, weil es keine allgemein gültige Antwort auf die Frage gibt: Wie viele Schlüssel braucht der Mensch?

Das Märchen enthält für Eltern diese zwei Botschaften: Einen vollkommenen Schutz für Kinder vor den Gefahren des Alltags gibt es nicht. Elternängste vergrößern die Gefahr. Hierzu ein Beispiel: Eltern kennen die Gefahr, dass Kleinkinder beim Laufenlernen eine Treppe hinabstürzen. Ängstliche Eltern neigen dazu, ihr Kind frühzeitig zu ermahnen, es ständig zu beaufsichtigen, die Treppe zu „verschließen", oder sie bündeln diese Maßnahmen sicherheitshalber. Das Kind erfährt daraus die Angst der Eltern und erlernt sie. Eines Tages eilt die Mutter vom Geruch angebrannter Milch alarmiert Hals über Kopf in die Küche im Untergeschoss und lässt vor Aufregung das Schutzgitter offen. Das Kind folgt gewohnheitsmäßig und stürzt. Die Folge ist, dass die Angst wächst und die Schutzvorkehrungen verbessert werden. Das alternative Elternverhalten besteht darin, dabei zu sitzen, wenn das Kind seine Erfahrungen mit dem Problem Treppe sammelt, es stürzen zu lassen und so frühzeitig aufzufangen, dass es sich nicht weh tut. Jetzt kennt das Kind die Gefahr und wird künftig damit kindgerecht umgehen.

(P.S. Keines unserer vier Kinder und unserer fünf Enkel ist nach den ersten „kontrollierten Stürzen" noch einmal eine Treppe hinunter gefallen.)

Die sieben Verwilderten

„Die letzten beiden Jahre habe ich bei einer Advokaten-
familie gelebt, in einem der besten Viertel Quitos", berichtet Chongo. „Der Advokat war auf den ersten Blick
in meine braunen Knopfaugen verliebt. Er beschloss,
mich aus dem Elend zu retten. Als die Advokatenfrau
mich erblickte, machte sie ein angewidertes Gesicht.
Sie sagte es nicht laut, aber ich verstand, was sie dachte:
‚Der Schmutzfink kommt mir nicht ins Haus.' Doch als
ich frisch gebadet war, fand auch sie mich ‚allerliebst'.
Ich wuchs mit den Advokatenkindern auf. Lili und
Frieda, die nichts anderes gelernt hatten, als sich nicht
schmutzig zu machen. Von mir lernten sie, mit den Fin-
gern zu essen, klettern, Matsch herstellen, stehlen,
Knopfaugen machen, zählen. Der Notar und seine Frau
sahen mir vieles nach, weil die Kinder gesund und fröhlich waren. In der Küche war ich ein gelehriger Schüler,
besonders beim Kirschenentkernen, Erbsenpuhlen und
anderen Geschicklichkeiten. Dem Notar durfte ich bei
der Arbeit zusehen, wenn ich mich ruhig verhielt. Dabei lernte ich heimlich Lesen und Schreiben. Einmal, als
die Notarin einkaufen war, zündete ich den Gasherd an.
Sie verprügelte mich deshalb mit einem Kochlöffel. Wenige Tage danach ertappte mich der Notar, wie ich die

Zahlenkombination seines Geldtresors geknackt hatte und sein Geld zählte. Er warf mich vor Wut aus dem Haus. Seitdem leide ich wieder Not. Zugleich freue ich mich darüber, dass ich dem Leben eines Gesellschaftsaffen für zwei langweilige Advokatenkinder entkommen bin, nicht mehr mit Messer und Gabel essen und in Kleidern herumlaufen muss, sondern mich frei bewegen kann wie ein richtiger Kapuzineraffe." Die beiden Papageien hatten dem Affen gespannt zugehört. Sie selber waren als Küken aus dem Nest geraubt, auf einen Markt verschleppt und dann verkauft worden. Seitdem lebten sie recht und schlecht mit ihren gestutzten Flügeln. Zu Essen hatten sie reichlich. Sie brauchten nichts zu tun, als ihren Herrschaften gelegentlich ein paar einfältige Redensarten nachzuplappern, damit sie über ihre Dummheit lachen konnten. Und doch, ein Papageienleben war das nicht. Chongo, der Kapuzineraffe, und Oro und Loro, die beiden Papageien, taten sich zusammen, um sobald wie möglich in ihre Heimat, den Urwald, zu entfliehen.

Nach Chongos Anweisung verhielten Oro und Loro sich die nächste Zeit so ungeschickt, als hätten sie sich die Flügel gebrochen. Niemand kam auf den Gedanken, ihnen die Flügel nachzustutzen. Als die Federn lang genug nachgewachsen waren, übten die Papageien heimlich das Fliegen, das sie in der Gefangenschaft fast verlernt hatten. Endlich war es so weit. Oro und Loro konnten fliegen wie die wilden Papageien. Unmittelbar nach der Morgenfütterung erhoben sie sich zur Verwunderung ihrer Herrschaften in die Luft, um nicht mehr zurückzukehren. Unterdessen hatte Chongo eine Fahne

entwendet und darauf die Worte „die sieben Unglücklichen" geschrieben. „Warum steht da „sieben?", fragte
ihn Oro. „Weil wir einmal sieben sein werden, wenn wir
im Urwald ankommen", war die Antwort. „Und was bedeutet „Unglücklichen?", wollte Loro wissen, „soll das
bedeuten, dass wir so unglücklich bleiben wollen, wie
wir es im Augenblick sind?" – „Nein", entgegnete
Chongo, nahm die Fahne und verschwand. Am nächsten Tag hatte er eine neue Fahne. Die „sieben Verwilderten" lautete die Inschrift. „Wir wollen verwildern,
bis wir sind wie unsere Artgenossen im Urwald", erläu-
terte Chongo ungefragt.

Oro und Loro unternahmen Erkundungsflüge. Der
Urwald war weiter entfernt, und der Weg dorthin
schwieriger, als sie geglaubt hatten. Eines Morgens ent-
deckten sie Gato, die Ozelotkatze, die sich vor Schmerzen krümmte, in einem Gehege. Statt sie mit lebenden
Mäusen zu füttern, gab man ihr Süßspeisen, gesalzenen
Fisch und andere Unbekömmlichkeiten, und dies, seitdem sie in menschlicher Gefangenschaft war. Ihr ge-
sprenkeltes dichtes Ozelotfell war matt und struppig geworden. „Helft mir", flehte sie die Papageien an. Nachts
kam Chongo. Das Gehege war mit einem Nummern-
schloss gesichert, wie der Tresor des Notars. Jetzt
konnte Chongo zeigen, was er gelernt hatte. Schnell war
die Zahlenkombination geknackt und Gato erlöst. Am
Tage danach befreite Chongo auf dem Markt in Quito einen Totenkopfaffen, Mono, den sein Herr mit einem
einfachen geknoteten Strick sicher verwahrt glaubte. In
der folgenden Nacht machten sich Chongo, Oro, Loro,
Gato und Mono, die fünf Verwilderten, auf den Weg. Sie

kamen gut voran. Oro und Loro übernahmen die Aufgabe von Kundschaftern. Chongo stahl, was nicht niet- und nagelfest war. Loro ging bei ihm in die Lehre und half ihm beim Tragen. Gato erholte sich allmählich, so dass sie wieder jagen konnte. Sie war so aus der Übung gekommen, dass sie drei Nächte brauchte, ehe sie die erste altersschwache Ratte erlegte.

Eines Nachts hörten die Tiere aus einem Gehöft lautes Gewimmer. Sie fanden Armin und Anke, zwei ausgewachsene Tapire, wohlgenährt, mit fetter Schwarte aber in Tränen gebadet. Ein Jäger hatte ihre Mutter erlegt und die beiden Tapirjungen mitgenommen, um sie zu mästen. „Unser Leben ist ein einziges Leid", klagten Armin und Anke. „Jede Maniokfrucht, jede Banane, die wir gefressen haben, jedes Gramm, das wir dicker geworden sind, hat uns dem Tod näher gebracht. Morgen werden wir geschlachtet." Dabei ließen sie große Tapirtränen kullern. Misstrauisch betrachtete Chongo die beiden schwergewichtigen Tapire, stellte sich die Mengen an Maniok und Bananen vor, die sie täglich fressen würden, gab sich dann aber doch einen Ruck und befreite Armin und Anke. „Jetzt sind wir vollzählig: Sieben Verwilderte."

Es kam schlimmer, als Chongo befürchtet hatte. Armin und Anke stand wie allen dicken Tapiren der Sinn nach nichts anderem als Fressen und Schlafen. Chongo und Loro hatten alle Hände voll zu tun, um die beiden Vielfraße zu ernähren. Doch es reichte nicht. Armin und Anke litten Hunger. Eines Nachts hielten die beiden es nicht mehr aus. Sie überfielen eine Bananenplantage, wühlten und fraßen nach Herzenslust, ohne zu bemerken, dass sie inzwischen vom Farmer und einigen Arbeitern umstellt waren. Man fing sie und sperrte sie ein, um sie anderentags zu schlachten. Gegen das feierliche Versprechen, nie wieder eine Farm zu überfallen, befreite Chongo sie zum zweiten Mal. Von da an versuchten Armin und Anke ihre Gefräßigkeit zu beherrschen, aber mit geringem Erfolg. Die sieben Verwilderten kamen kaum noch voran, so sehr waren sie mit der Nahrungssuche beschäftigt. Da hatte Oro eine Idee. Er trat gemeinsam mit Loro und Chongo auf Märkten auf. Sie führten Kunststücke vor, die sie bei den Menschen gelernt hatten, und kauften von dem Erlös Maniok und Bananen für Armin und Anke.

Eines Abends kam Oro aufgeregt von einem Erkundungsflug zurück.

„Urwald in Sicht", rief er schon von fern. Bald tanzten und johlten die sieben Verwilderten vor Freude. „Urwald in Sicht, Urwald in Sicht." Schon am nächsten Morgen wich die Freude einer trübseligen Stimmung. In der Nacht hatte Gato einen Anfall von Jagdfieber, schlich zum Nachbardorf, verfolgte einen fetten Erpel und geriet in eine Falle. Mühsam schlich sie mit der Falle am Lauf in das gemeinsame Versteck. Die Falle saß so fest, dass weder Chongo noch Mono sie öffnen konnten. Mit Geschick war nichts zu erreichen. Das war der Augenblick für Armin und Anke. Mit der Kraft ihrer Tapirkiefer griffen sie je einen Schenkel der Falle, stemmten sich in die Erde und bogen die Falle auf. Gato war gerettet, wenn auch jämmerlich zugerichtet. Erstmals waren Armin und Anke nicht nur lästige Fresssäcke, sondern nützliche Wesen, ja sogar Helden und Lebensretter. Gato konnte die nächsten Tage nicht laufen. Armin und Anke trugen sie abwechselnd und überwanden dabei ihre Furcht vor Gatos Krallen und ihrem Raubtiergeruch. – Ein anderes Mal wurde Loro, die bei einem Erkundungsflug nicht hoch genug gestiegen war, von einer Schrotkugel getroffen. „Ich verblute", krächzte sie heiser. Doch die Verletzung war halb so schlimm. Chongo entfernte die Schrotkugel und legte blutstillende Kräuter auf die Wunde. Nach zehn Minuten konnte Loro wieder fliegen. Endlich war der Urwald erreicht. Die sieben Verwilderten kamen an einen Fluss, richteten sich auf einem im Wasser treibenden Baumstamm ein und überließen sich der Strömung. Vier Tage trieben sie dahin. Ab und zu mussten sie an Land, um sich mit Nahrung zu versorgen. Nichts ereignete sich. Der Urwald rechts und links war wie eine gleichbleibende von Blicken nicht zu durchdringende Wand. Er wirkte unbewohnt. Einmal kam ein Brillenalligator neugierig zum Treibbaum mit gefräßigen Hintergedanken. Als er die mächtigen Tapirgestalten erblickte, grüßte er höflich: „Gute Fahrt", und drehte ab. Nach einer Woche kam der schwimmende Baum, an dessen höchstem Ast die Fahne „Die sieben Verwilderten" hing, zu einer Insel, dem „Tierparadies", wie eine Inschrift zwischen zwei Palmen verkündete. „Wir sind am Ziel", jubelten die sieben.

Zur Begrüßung erschien ein roter Papagei, der beim Anblick der Neuankömmlinge die Nase rümpfte und sagte, „Ihr riecht noch nach Zivilisation, aber das verliert sich mit der Zeit." Diese Begrüßung dämpfte die Freude der sieben, die sich in den vergangen Tagen immer den Jubel vorgestellt hatten, der sie bei ihrer Ankunft umbrausen werde. Sehr bald lernten sie, wie hart das Leben in der Wildnis ist. Armin und Anke wurden zunehmend schlanker. Beide sonderten sich als erste von den Freunden ab. Nicht lange danach hatten sie ein Tapirbaby zu versorgen und waren glücklich. Oro und Loro zog es zu ihren Artgenossen. Nach kurzer Eingewöhnung waren sie kaum noch von den einheimischen Papageien zu unterscheiden. Gato, die Einzelgängerin, konnte man die erste Zeit noch beobachten, wenn sie jagte, sich sonnte oder beides zugleich tat. Mono fand ein Totenkopfweibchen – und Chongo? „Ich passe nicht in die Verwilderung", musste er nach kurzer Zeit feststellen. „Zu lange habe ich unter Menschen gelebt." Dann verschwand er und tauchte in einem Tiergarten wieder auf, wo er bei guter Pflege Besucher mit seinen Späßen unterhält.

Die sieben Verwilderten – Wie Eltern Kindern helfen, ihre natürlichen Fähigkeiten zu entfalten – über die Rolle von Ängsten

Verwilderung ist das Zauberwort des Märchens.

Vom Paradies träumen dürfen wir Menschen auch. Im Gegensatz zu den Sieben Verwilderten ist uns jedoch die Rückkehr in den Urzustand verwehrt. Die Idee der Verwilderung hat einen anderen Sinn. Es geht darum, unsere Natur innerhalb der Zivilisation zu wahren. Bezogen auf unsere Aufgaben als Eltern und Erzieher/innen bedeutet das, die natürlichen Anlagen und Fähigkeiten unseres Kindes wahrzunehmen und zu fördern. Dazu gehört ganz wesentlich die Angsterziehung. Dabei geht es darum, natürliche Ängste zu respektieren, ihren Sinn zu erkennen und mit der jeweiligen Angst „zusammenzuarbeiten". Wie gefährlich das Stumpfwerden gegen Angst sein kann, zeigt das Märchen. Gato, die Ozelotkatze, ein von Natur aus scheuer Räuber mit nachtscharfen Sinnen, hat sich während der Gefangenschaft an Menschen gewöhnt. Sie hat ihre Witterung für Gefahren verloren. Um zu verwildern, muss sie wieder lernen, Angst zu haben und instinktsicher zu werden wie andere Urwaldkatzen. Ähnlich verhält es sich mit Armin und Anke, den Tapiren, die beinahe an ihrer grenzenlosen Fressgier zu Grunde gegangen wären. Verwilderung besteht für sie in der Erfahrung, dass Überleben wichtiger ist als satt sein, in der Wiederherstellung der natürlichen Triebhierarchie. Den tierischen Instinkten entsprechen menschliche Urängste vor dem Feuer, dem Wasser, dem Fallen, dem Fliegen, der Dunkelheit oder dem Unbekannten. Davon war schon mehrfach die Rede. Denken wir an Jonathan und seine Angst beim Klettern oder Damian und seine Angst vorm Gewitter.

Schwerpunkt dieser Nachbetrachtung sind die nicht naturgegebenen Ängste, vor denen wir unsere Kinder nach Möglichkeiten bewahren wollen. Im Märchen veranschaulicht uns Chongo diese Angstform. Er ist die tragische Hauptfigur, weil er so lange unter Menschen gelebt hat und so viel von Menschenart übernommen hat, dass er dem Leben als Affe unter seinesgleichen im Urwald nicht mehr gewachsen ist. Aus Furcht vor dem Affesein flieht er zurück zu den Menschen, in den Schutz und die Abhängigkeit.

Die meisten unnatürlichen Ängste haben ihre Wurzeln in der frühen Kindheit. Es sind Tiefenängste, die auf der Nichterfüllung menschlicher Grundbedürfnisse beruhen. Im Erscheinungsbild unterscheiden sich die unnatürlichen Ängste von den natürlichen. Teilweise treten sie erst spät als Persönlichkeitsstörungen zutage. Eltern wissen, dass ein Säugling liebevolle Zuwendung durch mindestens eine gleichbleibende Bezugsperson benötigt. Denn Liebe vermittelt dem Kind das Gefühl der Daseinsberechtigung, das Urvertrauen. Ein Kind, das ohne diese Erfahrung auskommen muss, hat Selbstzweifel und Urmisstrauen, d. h. Lebensangst.

Im Alter von etwa acht Monaten entwickelt das Kind feste Bindungen, „Objektkonstanz", wie Piaget es nennt. Damit wird es für Bindungsabbrüche verletzlich. Verliert das Kind eine von beiden oder beide Bezugspersonen, entsteht als Lernerfahrung zwangsläufig Verlustangst und damit Bindungsangst. Verbleibt dem Kind ein Elternteil, beispielsweise bei Trennung und Scheidung, besteht die Gefahr, dass der verbliebene Elternteil das Kind zu seinem Lebensinhalt macht, es überbehütet und mit all seiner Liebe überschüttet. Je größer die Abhängigkeit des Kindes auf diese Weise wird, umso mehr steigert sich die Verlustangst. Vermag der verbliebene Elternteil dem Kind nicht die nötige Liebe zu geben, weil er sie selber nicht erfahren hat oder weil er zu sehr unter dem Beziehungsabbruch leidet, verarmt das Kind emotional. Über- und unterbehütete Kinder haben beide Angst vor menschlicher Nähe, die einen, weil sie den

Beziehungsabbruch fürchten, die anderen, weil sie tieferer Gefühle nicht mehr fähig sind.

Spätestens wenn ein Kind laufen lernt, muss es sich mit Regeln auseinander setzen, die seinen Bedürfnissen nicht immer entsprechen. In dieser Lebensphase gilt es, eine doppelte Gefahr im Auge zu behalten, die der zu strengen und starren Gebote und die von zu großer Nachgiebigkeit. Vorzeitiges Sauberkeitstraining und Erziehung zu guten Manieren hemmen ein Kind in seinen eigenen Impulsen. Es lernt sich an Ge- und Verboten zu orientieren. Dabei beginnt es sich vor Fehlern zu fürchten und die Eigenverantwortung zu scheuen. Das andere Extrem, dem Kind keine Grenzen setzen und es nicht mit den Konsequenzen seines Handelns konfrontieren, lässt einen Menschen heranwachsen, der Angst vor der Verbindlichkeit hat und alles Endgültige fürchtet. Er liebt seine Freiheit, lebt in der Gegenwart und wird immer wieder ein „Hintertürchen" finden, um sich nicht dauerhaft zu binden. Das richtige Maß an Regeln liegt da, wo das Kind die Möglichkeit bekommt zwischen den Extremen des sich eigenwillig Durchsetzens und des sich willenlos Anpassens eigene Lösungen zu entwickeln.

Natürliche günstige Entwicklungsbedingungen für uns Menschen sind: konstante liebevolle Zuwendung mindestens einer Bezugsperson und die Möglichkeit, innerhalb sich stetig erweiternder Grenzen (Regeln) die Welt zu erforschen und zu erobern. Ein Kind, das solche Grundversorgung hat, wird es lernen, mit den natürlichen Ängsten umzugehen.

Ein Schlusskapitel für alle, die Kindern mit Ängsten helfen wollen

Wir werden Ihnen im Folgenden einige Fragen beantworten, die Sie am Ende dieses Buches vielleicht bewegen.

Sollten Sie Märchen und Geschichten gegen Kinderängste für ihr eigenes Kind selbst erfinden?
Ich möchte Ihnen aus einem einfachen Grund davon abraten, Geschichten und Märchen für ihr Kind selbst zu erfinden. Da Sie auch dort Modell für Ihr Kind sind, wo sie Schwächen zeigen, ist es nicht unwahrscheinlich, dass das Kind seine Angst von Ihnen gelernt hat. Dieser Zusammenhang mag Ihnen nicht bewusst sein, wird Ihnen aber auf Grund des folgenden Beispiels einleuchten. Nehmen wir die Mutter, die Angst vor Hunden hat, weil sie als Kind einmal gebissen wurde. Jedes Mal, wenn sie mit dem Kinderwagen an dem Hoftor, hinter dem der große Schäferhund bellt, vorbeigehen muss, wird sie ihren Schritt beschleunigen oder versuchen die Straßenseite zu wechseln. Oder denken sie an den Vater, der Angst vor der Dunkelheit hat. Sollte er unfreiwillig mit seinem Kind in die Dämmerung geraten, wird er zur Eile drängen oder lauter reden. Er wird gewiss nicht auf die Idee kommen, eine Nachtwanderung durch den Wald mit seinem Sohn zu machen, um ihm ein Modell für die

Tatsache zu sein, dass es nachts im dunklen Wald weit ungefährlicher ist als nachts in der hell erleuchteten Stadt. Weit subtiler als in diesen beiden Beispielen ist die Angstübertragung in folgendem für jüngere Schulkinder typischen Fall. Hans ist sechs Jahre alt. Seit der Trennung der Eltern lebt er bei der Mutter. Es ist vereinbart, dass Hans seinen Vater an jedem zweiten Wochenende von Freitag bis Sonntag besucht. Doch Hans hat Angst, beim Vater zu übernachten, obwohl es keinen ersichtlichen Grund gibt. Der Vater meint, die Mutter beeinflusse Hans, die Mutter, der Vater sei verantwortlich. Die Erklärung, Hans befürchte, nachdem er den Vater im Alltag verloren habe, nun auch noch die Mutter zu verlieren, er bewache sozusagen die Mutter, greift zu kurz. Vielmehr hat sich die Angst der Mutter, Hans emotional an den Vater zu verlieren, unbewusst und ungewollt auf das Kind übertragen. Würde die Mutter für Hans selbst ein Märchen gegen die Angst beim Vater zu übernachten erfinden, so würden ihre eigenen Ängste in die Geschichte einfließen und ihre Wirkkraft ins Gegenteil verkehren. Liest die Mutter stattdessen ein geeignetes Märchen vor (siehe „Der Elefant und die Maus"), so kann das Märchen ihr selbst und Hans bei der Bewältigung der Angst hilfreich sein.

Wie können Sie die Märchen dieses Buches an die Lebenssituation Ihres Kindes anpassen?
Manche Märchen helfen dem Kind umso leichter, je besser das Kind sich mit dem Helden oder der Heldin der Geschichte identifizieren kann. Durch Identifikation wird die Angstbewältigung des Helden der Geschichte

unmittelbar zur Angstbewältigung beim Kind. Da unsere Märchen nicht speziell für Ihr Kind geschrieben sind, sollten sie es an die Lebensbedingungen Ihres Kindes anpassen. Das ist einfach. Nehmen Sie zum Beispiel die Geschichte „Das große rote Auto und das kleine rote Auto" für Kinder im Kindergartenalter. Ersetzen Sie in dem Reim, in dem das große und das kleine rote Auto gemeinsam lustig tuten und tröten, die Stadt Berlin durch Ihren Heimatort und reimen Sie munter darauf los. Nur Mut, der Reim darf ruhig holpern. Kinder lieben auch Knittelverse, wenn sie den Inhalt begreifen können. Wie wäre es mit

> tut-tut wir fahren
> wir fahren jetzt nach Mainz
> tröt-tröt wir fahren
> in Mainz da wohnt der Heinz
> oder
> tut-tut wir fahren
> wir fahren nach Eberstadt
> tröt-tröt wir fahren
> dort essen wir uns satt

Wenn Sie eine Tochter haben, die sich von anderen Kindern nicht angenommen fühlt, werden Sie in diesem Buch zum Thema die Geschichte vom Tausendundvier-Sassa finden und vielleicht enttäuscht sagen: „Die ist nur für Buben im Fußballalter." Stimmt nicht. Da gibt es eine Schwester von Tausendundvier-Sassa, die dank ihrer vielen Beine eine berühmte Tänzerin geworden ist. Sie brauchen lediglich aus Tausendundvier-Sassa ein

Tausendfüßler-Mädchen zu machen und sich zum Ausschmücken der Geschichte statt der Fußballfähigkeiten Fähigkeiten beim Tanzen vorstellen. Sollten Sie die Geschichte einem Mädchen erzählen wollen, das sich für Tanzen nicht interessiert, noch einige Beispiele dafür, was ein Mädchen mit flinken, gelenkigen Beinen faszinieren kann:

Rollschuhlaufen, Eiskunstlaufen, Skaten, Klettern, Wellenreiten.

Weitere Ideen zur Anpassung von Geschichten und Märchen auf die individuelle Situation Ihres Kindes finden Sie in unseren Büchern „Märchen für Scheidungskinder". Vgl. Orac und Humboldt, „Hans vertreibt die Geister", Therapeutische Märchen bei Kindernöten (Kreuz Verlag).

Wann, wo und wie können Sie die Märchen dieses Buches einsetzen? – Die günstigen Rahmenbedingungen – Anders als viele Märchen und Geschichten, die wir gegen Kindernöte geschrieben haben, eignen sich die meisten Märchen dieses Buches nicht zum Vorlesen vor dem Einschlafen. Ihr Inhalt führt das Kind oft zuerst in einen beängstigenden Zustand bevor es die Lösung anbietet. Es kann geschehen, dass Ihr Kind sich über das Ende der Geschichte hinaus mit der beängstigenden Situation beschäftigt und sich damit am friedlichen Einschlafen hindert. Der beste Zeitpunkt zum Vorlesen oder Erzählen dieser Märchen ist deshalb der, in dem Ihr Kind sich mit seiner Angst herumquält. Der Moment beispielsweise, in dem bei Ihrem Kind seine Angst vor dem Versagen bei der Klassenarbeit am nächsten Tag auftaucht, ist optimal zum Vorlesen. Sorgen Sie für einen störungsfreien Ort und lesen Sie nur dem Kind vor, das die Angst hat. Geschwister oder Freundinnen, die keine Angst vor Klassenarbeiten haben, neigen dazu, während der Geschichte mit ihrem Mut zu protzen. Das schadet dem ängstlichen Kind. Kinder im Kindergarten- und Grundschulalter setzen ein Märchen nach dem Zuhören gern in Bilder oder Rollenspiele mit Verkleidung um. Ältere Kinder wollen vielleicht noch mit Ihnen über Einzelheiten der Geschichte reden oder sie wollen ganz einfach nur toben. Geben Sie den Rahmen dafür.

Wählen Sie die passende Geschichte für Ihr Kind sorgsam aus. Unwesentlich ist der Unterschied, ob ein Kind Angst vor einer Spinne oder einer Kröte hat, wesentlich dagegen, ob es Angst vor der Schule hat, weil es dort am nächsten Tag geprüft wird oder weil die Klassenkameradinnen es nicht mitspielen lassen.

Was können Sie sonst noch tun, wenn Ihr Kind Angst hat?
Das erste, was Sie tun können, ist bei sich selbst zu überprüfen, ob Sie Ihrem Kind im Umgang mit der Angst ein gutes Vorbild sind. Wenn ja, so zeigen Sie Ihrem Kind, wie Sie mit der Angst, die ihr Kind quält, umgehen. Hat Ihr Kind beispielsweise Angst davor, einen Fehler oder ein Missgeschick einzugestehen, dann warten Sie, bis Ihnen ein Fehler passiert und legen Sie offen, wie Sie mit der Situation umgegangen sind, dass es Ihnen die Achtung anderer eingebracht hat. Besonders wichtig ist es bei arterhaltenden Ängsten wie der

Angst vor Wasser, Feuer, Stürmen, Gewitter, Dunkelheit, dass Sie Modell sind. Vielen Eltern sind ihre elementaren Kindheitsängste nicht mehr gegenwärtig. Meist wissen sie nicht mehr, wie sie es gelernt haben, den schützenden Angstanteil zu bewahren und zugleich den überflüssigen Angstanteil zu bewältigen. Viel ist gewonnen, wenn Sie die Angst Ihres Kindes ernst nehmen und Ihr Kind behutsam im Umgang mit dessen natürlicher Angst unterrichten. Nehmen wir als Beispiel die Angst vor dem Wasser. Sie ist ein wichtiger Schutz, da wir von Natur aus nicht schwimmen können. Ein Kind, das nicht ins Wasser möchte, verhält sich also richtig. Worte wie „Angsthase und Feigling" sind nicht nur dumm, sondern auch wirkungslos. Geduld bei der Gewöhnung ans Wasser haben, schwimmen lernen in kleinen bis kleinsten Schritten und ein gutes Modell für Spaß am Wasser sein bei gleichzeitiger Vorsicht, dies ist der Weg zu lebensklugem Umgang mit dem nassen Element.

Hat Ihr Kindes aufgrund eines bestimmten Ereignisses traumatische Angst, die Ihnen bekannt ist, beispielsweise Angst, im Auto mitzufahren nach einem Unfall, oder schreit es vor dem Badewasser, seitdem es auf der Seife ausgerutscht ist, so können Sie versuchen, es langsam wieder an das Autofahren oder das Baden heranzuführen. Gelingt Ihnen das nicht, so zögern Sie bitte nicht, sich fachliche Hilfe zu holen! Psychotherapeutische Hilfe für Ihr Kind ist auch dann erforderlich, wenn eine Angst für Sie unerklärlich und unbeeinflussbar ist, wie zum Beispiel die Angst eines neunjährigen Jungen vor bunten Schmetterlingen, den seine Mutter in meine Praxis brachte. Fachliche Hilfe ist schließlich auch angesagt, wenn Sie kein Modell sein können, weil Sie seine Angst teilen. Kinder können ihre Angst oft erst überwinden, wenn Sie Ihre besiegt haben. Das trifft auf die meisten angstbesetzten Umgangsprobleme bei Trennung und Scheidung zu.

Wir möchten Sie auf eine weitere Möglichkeit hinweisen, Ihr Kind im Umgang mit Ängsten zu stützen. Viele Bilderbücher, Kinder- und Jugendbücher sind Mut-Macher. Die Heldin, der Held des Buches dient als mehr oder weniger spezifisches Modell in der Angstsituation Ihres Kindes. Wir haben Ihnen eine Liste geeigneter Bilder-, Kinder- und Jugendbücher zur Anregung ans Ende dieses Buches gestellt.

Anwendungsbereiche
der einzelnen Märchen

Das große und das kleine rote Auto
Verlustangst, Angst vorm Alleinsein, vorm Verlorengehen, vorm Verlassensein.

Der Frosch und die Spinne
Angst als Schutzfunktion vor Gefahr, angefangen bei
heißen Herdplatten, scharfen Gegenständen bis zu
Dingen, die das Kind noch nicht beherrscht wie etwa
den Großstadtverkehr.

Heute Nacht hat der Spatz schlecht geträumt und
Tungurahua
Angstträume, auch Tagträume, Angstphantasien,
angstbesetzte Erinnerungen.

Das Gespenst aus dem Kleiderschrank
Angst vor Gespenstern, vor bösen Hexen, Zauberern,
Räubern, Monstern, Außerirdischen, Pokémons.

Der Moosmann und das Hagebuttenmädchen
Angst vor dem Wasser, vor Tauchen, vor der Höhe,
vorm Radfahren.

Das Kamikado
Angst vor ungewisser Gefahr, beispielsweise: vor einer Schiffsreise, vorm Fliegen, vor einem Auslandsaufenthalt, vor einem neuen Lehrer, aber auch bei Trennung/Scheidung vor Vaters neuer Freundin/Mutters neuem Freund.

Flugs, die Schwalbe
Traumatisch entstandene Angst nach einem Hundebiss, Insektenstich, Verkehrsunfall, auch Augenzeuge bei Unglücksfällen wie Brand.

Die Nacht
Angst vor der Nacht, der Dunkelheit, vor Nebel, Gewitter, Sturm.

Der Tausendundvier-Sassa
Angst vor dem Versagen, vor dem Abgelehntwerden, Ausgelachtwerden, Nicht-mitspielen-Dürfen, vor Geltungsverlust wegen Leistungsversagen, vor Ablehnung wegen persönlicher Auffälligkeiten (körperliche, soziale).

Joschus erste Fahrt auf dem Rio Napo
Angst vor dem Unbekannten, vor allem Neuen: erster Gang ins Kino, erster Besuch bei Verwandten, Verabredung mit einem Freund, Einkauf, Telefonieren und vieles Neues mehr.

Der Felsen der Wahrheit
Angst, die Wahrheit zu sagen, Fehler einzugestehen,
Schuld zu bekennen.

Die verschüttete Stadt und Wir Grautiere
Angst bei Trennung und Scheidung der Eltern: Zu-
kunftsangst. Angst, einen Elternteil zu verlieren,
Angst vor Liebesverlust, auch bei Schuldgefühlen des
Kindes und symbiotischer Bindung an einen Eltern-
teil.

Rotschopf und Schwarzhaar
Angst vor Prüfung, Klassenarbeit, Vortrag, Auftritt.

Der Spiegel der Zukunft
Angst vor der Zukunft, vor Arbeitslosigkeit, Ziello-
sigkeit, Verlust des Lebenssinnes, aber auch bei Ent-
scheidungsnotstand, negativen Zukunftsprognosen
und einer Unfähigkeit, sich festzulegen.

Die Eisfee
Angst vor dem Tod, vor Ohnmacht, Narkose, Spritze,
Klinik, Krankheit.

Appendix

Eine Auswahl von Kinder- und Jugendbüchern, die sich mit Angstbewältigung beschäftigen

Bode, Anne de
Sofie und das Nachtgespenst
Ellermann, 1998, 13 Jahre

Dietl, Erhard
Der tapfere Theo
Thienemanns, 1999, 3–5 Jahre

Gabel, Wolfgang
Einfach in den Arm nehmen
Beltz u. Gelberg, 1993, 12–14 Jahre

Gorbatschow, Valerie
Winnie und die wilden Wölfe
Nord-Süd, 1998, ab 5 Jahre

Holm, Annika
Wehr dich Mathilde
Deutscher Taschenbuchverlag, 2001, 12–14 Jahre

Hübner, Franz
Nur weil ich klein bin, bin ich doch nicht doof
Lahn, 2000, 8–10 Jahre

Kilian, Susanne
Kinderkram
Beltz u. Gelberg, 1987, 8–10 Jahre

Nöstlinger, Christine
Rosa Riedl
Beltz u. Gelberg, 1991, 10–12 Jahre

Nöstlinger, Christine
Willi und die Angst
Dachs, 1999, 5–7 Jahre